FOLIO BIOGRAPHIES

Beethoven

par

Bernard Fauconnier

Gallimard

Ouvrage dirigé par
GÉRARD DE CORTANZE

Bernard Fauconnier a publié en 1989 un premier roman très remarqué, *L'Être et le Géant*, récit d'une rencontre imaginaire entre Jean-Paul Sartre et Charles de Gaulle (Régine Deforges, 1989 ; Éditions des Syrtes, 2000). Il a écrit depuis plusieurs romans : *Moyen Exil* (Régine Deforges, 1991), *L'Incendie de la Sainte-Victoire* (Grasset, 1995), *Kairos* (Grasset, 1997), *Esprits de famille* (Grasset, 2003). Chroniqueur, essayiste (*Athée grâce à Dieu*, Desclée de Brouwer, 2005), il collabore au *Magazine littéraire*. Il vit dans la région d'Aix-en-Provence. Dans la collection « Folio Biographies », il est l'auteur de *Cézanne* (2006), qui a obtenu l'année suivante le prix de la biographie de la ville d'Hossegor, de *Flaubert* (2012) et de *Jack London* (2014).

Pour Aurélie.

Une ténébreuse enfance

Le personnage de Ludwig van Beethoven semble un pied de nez éclatant aux déterminismes supposés de la génétique et de l'hérédité. Ce fils d'un chantre alcoolique et violent et d'une mère tuberculeuse, flanqué de frères ineptes et parfois malfaisants, plus tard d'un neveu assez décevant, selon ses critères exigeants jusqu'à la tyrannie, cet écorché au caractère indomptable n'avait guère qu'une solution pour échapper aux tares de son milieu : devenir un génie.

Cela tombait bien : le romantisme né des Lumières et de la Révolution française était en train de s'approprier le mot pour son propre usage : génie, héros, c'est tout un. Beethoven sent très vite où est sa chance. Ses dons sont éclatants, sa volonté inébranlable, il croit très vite à son destin, comme les héros de Schiller ou de Goethe, comme les « grands hommes » dont il puisera les modèles dans les *Vies* de Plutarque...

Les conditions dans lesquelles il apprend la musique auraient pu l'en dégoûter à jamais, le rôle de singe savant, ou d'enfant prodige, que son père entend lui faire jouer à la suite de Mozart, eût été le meilleur moyen de lui briser les ailes s'il n'avait su affirmer, par la force de sa volonté et le concours de circonstances heureuses, sa trempe exceptionnelle, sa personnalité puissante, mélange détonant de brutalité et de mélancolie, de délicatesse sensible et d'ambition démesurée.

Beethoven ne peut vivre en dehors du désir dévorant de créer, d'offrir aux hommes, à lui-même, à ses idéaux de liberté, peut-être même à l'idée très personnelle qu'il se fait de Dieu, une œuvre inouïe, nouvelle, qui bouleverse et surprenne. Il est de ces rares artistes, si essentiels, qui ne rendent pas leur discipline dans l'état où ils l'ont trouvée. En musique, il y a un avant et un après Beethoven, comme en peinture un avant et un après Cézanne... Le jeune compositeur suit encore les traces de Mozart et de Haydn, l'un de ses pères spirituels. L'homme mûr est tout à fait ailleurs, impose des compositions d'une hardiesse et d'une puissance qui choqueront parfois ses contemporains et l'éloigneront de son public, bien que sa popularité demeurât intacte. Le « dernier Beethoven » laisse des œuvres testamentaires d'une profondeur stupéfiante, inépuisable, qui préparent, annoncent, indiquent le chemin de la musique pour les deux siècles à venir. Car on n'en a pas fini avec Beethoven, ni avec sa vie, parfois énigmatique, ni avec son œuvre, visionnaire, prophétique, et pourtant si proche de nous.

Ludwig van Beethoven est né à Bonn, au numéro 515 de la Bonngasse, le 17 décembre 1770.

Bonn est la capitale des princes électeurs de Cologne, qui ont une fonction tout à la fois ecclésiastique et séculière. L'Allemagne est alors un pays sans cohésion politique, éclaté en une multitude de petits États. Bonn dépend de Vienne, siège du Saint Empire romain germanique et résidence des Habsbourg. C'est une petite ville d'environ douze mille habitants, située au bord du Rhin. Pas d'industrie, des artisans, des fonctionnaires, des courtisans du prince électeur : la province, suave, secrète, environnée d'une nature harmonieuse dont la beauté marquera Ludwig. Ce petit État est dirigé par Maximilien Frédéric, prince ouvert aux idées nouvelles des Lumières. Comme le note le baron Caspar Riesbeck :

Le gouvernement actuel de l'archevêché de Cologne et de l'évêché de Munster est sans aucun doute le plus éclairé et le plus actif de tous les gouvernements ecclésiastiques que compte l'Allemagne. Le ministère de la cour de Bonn est des mieux composés. Créer de très bons établissements éducatifs, encourager l'agriculture et l'industrie et extirper toute espèce de monastère, voilà quelles étaient les actions les plus remarquablement menées du cabinet de Bonn[1].

Dans cette petite ville, les idées de l'*Aufklärung* sont accueillies avec bienveillance, et les arts, surtout le théâtre et l'opéra, jouissent d'une faveur particulière. Malgré un milieu familial peu propice, toute l'enfance de Beethoven baignera dans cette atmosphère libérale et éclairée : il y fondera bel et bien l'essentiel de ses idéaux esthétiques et humains. Les hommes sont fils de leur temps, plus que de leurs pères.

La famille, justement. Le grand-père de Beethoven, lui aussi prénommé Ludwig, s'est installé à Bonn en 1734, venant des Flandres. Il a étudié la musique à Malines, s'est attardé à Louvain et à Liège avant d'être engagé à Bonn à la cour électorale et d'épouser Maria-Josepha Poll. Le nom de Beethoven, d'une sonorité grandiose et sombre, à jamais liée à quelques-unes des plus belle pages de musique jamais écrites, signifie simplement, en flamand, « champ de betteraves ». D'ailleurs, comment se prononce-t-il, ce nom ? Les plébéiens et les farceurs disent « Bétove ». Quelques cuistres, se voulant plus au fait, insistent sur le « o », élidant le « e » final, ce qui donne à peu près « Beethôôôv'n ». Flaubert, dans son *Dictionnaire des idées reçues*, déconseille en tout cas de prononcer « Bitovan ».

Il arrive que le talent saute une génération. Ludwig l'aîné est un homme remarquable, unanimement respecté à Bonn. Il est l'âme de la vie musicale de la ville et gère avec un beau sens des affaires un petit commerce de vin qui lui assure de confortables compléments de revenus, sa charge de musicien à la Cour étant peu lucrative. De son mariage avec Maria-Josepha naissent trois enfants dont un seul survivra, Johann, père de Ludwig. On sait que le jeune Ludwig sera passionnément attaché à la mémoire de ce grand-père qui meurt alors que l'enfant n'a que trois ans. Wegeler, meilleur ami de Ludwig et son premier biographe fiable, écrit :

L'impression précoce qu'il en avait reçue fut toujours vivante en lui. Il parlait volontiers à ses amis d'enfance de son grand-père. [...] Ce grand-père était un petit homme, robuste, avec des yeux très-vifs. Il était fort estimé comme artiste[2].

Quant à Johann... Peu de pères de « grands hommes » traînent une réputation aussi exécrable que ce musicien sans talent, que ce géniteur dont on a souvent fait un monstre, en tout cas un ivrogne irresponsable, ce qui semble véridique. Il a de qui tenir : la propre mère de Johann, Maria-Josepha, est elle-même une alcoolique notoire, qui mourra enfermée dans un asile de Cologne, en proie à de violentes crises de delirium tremens. Formé à la musique par son père, Johann commence sa vie passablement. En 1767, malgré l'opposition farouche de Ludwig l'ancien qui crie à la mésalliance, il épouse Maria Magdalena Keverich, fille d'un chef cuisinier de l'Électeur de Trèves, déjà veuve à vingt ans d'un valet de chambre du même électeur, épousé dès l'âge de seize ans. Ludwig fulmine : une fille de cuisinier, quelle honte ! Johann s'entête : c'est sans doute l'une des rares manifestations de volonté dans une vie qui va se déliter lamentablement, à coups de saouleries dans les tavernes. Ludwig refuse d'assister à la noce. Puis, comme il a bon cœur, il finit par accorder au jeune couple une tardive bénédiction. Car Maria Magdalena est une personne estimable, douce, généreuse, patiente, profondément mélancolique. D'autres témoignages affirment qu'elle peut aussi avoir mauvais caractère et s'emporter facilement.

Ses propos sont souvent teintés d'amertume. Ainsi, dans une lettre à son amie Cecilia Fischer, elle défend le célibat, source de vie tranquille, agréable et confortable. Et lui oppose le mariage, qui, à ses yeux, apporte peu de joies et beaucoup de chagrins.

Cette ascendance peu flatteuse fit naturellement naître des soupçons sur l'identité du père de Beethoven. « De put'œuf, put'oisel », dit un proverbe médiéval. Se pouvait-il que pareil génie eût été engendré par de si médiocres géniteurs ? Plus tard, quand Beethoven sera célèbre, on fera courir le bruit qu'il est peut-être le fils naturel du roi de Prusse, Frédéric II, lequel, comme on sait, se piquait de musique. On se demande bien par quel prodige le roi de Prusse aurait pu s'arrêter un jour à Bonn pour féconder la douce, la modeste Maria Magdalena : ainsi vont les légendes. À ces insinuations, il semble que Beethoven répondit toujours de manière évasive, comme s'il était flatté qu'on lui attribuât une royale origine, même si le démocrate en lui renâclait. Quelques mois avant sa mort, le 7 octobre 1826, il adresse à son ami Wegeler ces lignes pour le moins ambiguës :

> Tu m'écris qu'en certains endroits on me représente comme étant le fils naturel du feu roi de Prusse ; on m'en a aussi parlé il y a longtemps. Je me suis fait une loi de ne jamais rien écrire sur moi, même pour répondre à ce qu'on aurait écrit sur mon compte[3].

Du mariage entre Johann et Maria Magdalena naîtront sept enfants. Trois parviendront à l'âge

adulte. Ludwig est le deuxième enfant du couple :
le premier est mort l'année précédente, à l'âge de
quatre jours. Il se prénommait également Ludwig.
Beethoven eut-il l'impression, au cours de son enfance, d'être le « remplaçant » d'un frère mort ?
On sait quels troubles affectifs durables une telle
situation peut occasionner.

Les détails évoquant son enfance sont rares.
L'image la plus constante, corroborée par quelques
témoignages, notamment du boulanger Fischer,
est celle d'un garçon turbulent, peu soigné, jouant
au bord du Rhin ou dans les jardins du château de
Bonn avec ses frères, sous la surveillance distraite
de quelque servante. Ludwig va peu à l'école, son
père prétendant qu'il n'y apprend rien : il a
d'autres ambitions pour son fils. De cette éducation imparfaite et très lacunaire, Ludwig gardera
des séquelles toute sa vie : orthographe déficiente,
arithmétique laborieuse, n'excédant guère la capacité à réaliser des additions... Il sait suffisamment
de latin pour comprendre les textes sur lesquels il
composera de la musique, et sa connaissance du
français progressera au cours des années, jusqu'à
devenir passable, malgré une syntaxe très approxi-
mative. Une question demeure cependant : comment ce piètre mathématicien parvint-il à acquérir
une telle maîtrise dans cet art si mathématique
qu'est la musique ? Jamais la puissance technique
et l'inspiration de Beethoven, dans ses compositions, n'ont été entravées par les contraintes de la
grammaire musicale, ni simplement soumises aux
impératifs des règles classiques : il ne cessa jamais,

sa vie durant, de travailler pour approfondir la science de son art, mais toujours au gré de besoins dictés par ses projets.

Depuis deux générations, les Beethoven vivent de leurs activités musicales. Johann, qui a appris la musique par son père, a complété sa formation de chanteur à la chapelle électorale. Musicien de cour à seize ans, ses talents n'égalant sans doute pas ceux de son père, il n'est pas choisi pour lui succéder comme maître de chapelle, et cet échec initial l'enferme dans son personnage de raté s'adonnant très vite à la boisson.

Dès l'âge de trois ou quatre ans, Ludwig est contraint par Johann de s'asseoir au clavier pour commencer son apprentissage. La mode est aux enfants prodiges. La célébrité de Mozart, dont la gloire juvénile a ébloui l'Europe quelques années auparavant, a fait des émules. Johann lui-même, enfant, a été présenté par son propre père à des concerts publics, avec des succès modestes. Un enfant prodige dans une famille peut être la garantie de revenus substantiels. Johann décèle vite chez son aîné des dons hors du commun, et un goût passionné pour la musique et les instruments. C'est pourquoi il décide d'accélérer son apprentissage. Non sans le rudoyer. Car il a la main lourde, Johann, surtout quand il entreprend de s'occuper de son prodige de fils au sortir de la taverne, où il s'enivre de plus en plus souvent. Telle est l'enfance de Ludwig : un mélange d'attrait fasciné pour la musique et de brutalité paternelle. Johann n'est pas un grand pédagogue au contraire de Leopold Mozart.

L'ivrognerie, la cupidité en font un maître de musique irascible et impatient. Mais l'idée d'exhiber son fils en public fait son chemin : il falsifie même la date de naissance de Ludwig, le rajeunissant de deux ans. Longtemps le compositeur vivra dans la certitude qu'il est né en 1772 et non en 1770...

Johann fait jouer quelquefois son enfant devant la cour électorale de Bonn où il a ses entrées, malgré sa mauvaise réputation. Puis, en 1778, il décide de tenter l'aventure de la « grande ville », Cologne. Il nous reste un document sur cet événement qui fut sans doute la première apparition publique du jeune garçon :

AVERTISSEMENT

Aujourd'hui, *dato* le 26ᵉ de mars 1778, salle des Académies musicales, dans la Sternengasse, le Hoftenorist de la cour de l'Électeur de Cologne, Beethoven, aura l'honneur de présenter deux de ses élèves : à savoir Mlle Averdonc, Altiste de la Cour, et son petit garçon de six ans. Ils auront l'honneur de se présenter, la première avec différents beaux airs, le second avec différents Clavier-Concerten et trios, où il se flatte que toute la haute assistance prendra un plaisir complet, d'autant plus que tous deux ont eu l'honneur de se faire entendre de toute la Cour avec le plus grand plaisir[4].

Sans doute cette présentation fut-elle un échec, car elle fut la seule. C'est la raison pour laquelle Johann décide de confier l'éducation musicale de Ludwig à d'autres que lui-même : un reste de lucidité, qui lui permet de mesurer ses insuffisances. C'est ainsi que, pendant quelques mois, au cours de l'année 1779, un étrange personnage va entrer dans la vie du jeune Ludwig.

Il s'appelle Tobias Pfeiffer. C'est un musicien ambulant qui parcourt l'Allemagne en proposant ses talents dans les cours ou chez les particuliers fortunés. Et du talent, il en possède à revendre : claveciniste, hautboïste, il a posé pour un temps ses maigres bagages à Bonn et s'est fait engager dans l'orchestre. Ce vagabond artiste, qui semble tout droit sorti des contes d'Hoffmann, devient donc le collègue de Johann. Les deux hommes se lient d'amitié, à tel point que Johann van Beethoven invite Pfeiffer à demeurer chez lui : il a trouvé un compagnon de cabaret, car Tobias apprécie grandement les vins du Rhin. Il décèle également les capacités musicales hors normes de Ludwig. Compétent et habile pédagogue, il s'institue son professeur. Un professeur peu académique, fantasque, et souvent ivre lui aussi, comme l'atteste ce témoignage du violoncelliste Mäurer :

Pfeiffer [...] fut prié de donner des leçons à Ludwig. Mais il n'y avait pas d'heure fixée pour cela ; souvent, quand Pfeiffer avait bu dans un débit de vin, avec le père de Beethoven, jusqu'à onze heures ou minuit, il revenait avec lui à la maison où Ludwig était couché et dormait ; le père le secouait violemment, l'enfant se levait en pleurant, se mettait au clavier, et Pfeiffer restait assis à côté de lui jusqu'au petit matin, car il reconnaissait son talent extraordinaire[5].

Les leçons de Pfeiffer ne durent que quelques mois. Le musicien bohème quitte Bonn et disparaît de la vie de Ludwig en 1780, remplacé par d'autres maîtres : une éducation hasardeuse, brouillonne, des études vite interrompues : c'est pourtant sur ce socle fragile que vont se développer les balbutiements du génie musical de ce garçon taciturne, timide, brutal, négligé dans sa tenue, au point que chacun à l'école le croit orphelin de mère, et qui ne laissera jamais d'impression marquante sur ses jeunes condisciples.

Un vieil organiste, Egidius van den Eeden, se charge un temps de son éducation musicale, avant de mourir deux ans plus tard. Puis c'est un cousin éloigné, un certain Franz Rovantini, qui lui enseigne le violon pendant quelques mois. Étonnante éducation, de bric et de broc, si peu conforme aux usages pédagogiques en vigueur. Mais quand on sait ce que le compositeur fera de cet instrument dans ses sonates, ou son sublime *Concerto pour violon*...

À la fin de l'année 1781, il entreprend avec sa mère une « tournée de virtuosité » en Hollande. C'est l'hiver, mère et fils descendent le Rhin par un froid glacial. La mère de Ludwig, d'après un témoin, relate même que durant ce voyage le froid était si vif qu'elle dut réchauffer les pieds de son petit garçon dans son giron pour les empêcher de geler. Au total, un voyage pénible, qui donne des résultats incertains. Les Hollandais se montrent peu enclins à délier leurs bourses pour gratifier le jeune prodige. « Des grippe-sous[6] », dira Ludwig, qui refusera toujours de retourner dans ce pays d'où sont venus ses ancêtres...

Le répertoire musical de la cour électorale, tant pour les services religieux que pour les concerts et les opéras, est riche et varié. La musique religieuse conserve son caractère traditionnel et fait la part belle à des œuvres déjà anciennes, aussi bien qu'à des compositeurs contemporains. La bibliothèque contient une riche collection de messes d'auteurs du début du siècle, tels Antonio Caldara ou Georg Reutter, aussi bien que des compositions de Joseph Haydn et de Johann Albrechtsberger, gloires viennoises du moment, qui deviendront tous deux les professeurs de Beethoven à Vienne. En musique instrumentale, Bonn, idéalement située entre l'Allemagne, la France et la Hollande, reçoit de l'Europe entière une manne musicale de qualité. Les noms, un peu oubliés aujourd'hui, de Eichner, Holzbauer, Johann Stamitz, sont familiers au public cultivé de Bonn, de même que ceux des Autrichiens Dittersdorf, Haydn, Vanhal, ou des Français Gambini ou Gossec. À l'opéra, on joue des représentations, traduites en allemand, d'œuvres de Cimarosa ou Salieri, tandis que le théâtre de la Cour propose des pièces de Molière, de Goldoni, de Voltaire, de Shakespeare, avec celles de Lessing ou Schiller.

Dans ce creuset musical et culturel, il manque au talent encore en friche du jeune Beethoven un mentor, un guide respecté qui saura lui montrer la voie. L'éducation musicale décisive, il commence à la recevoir l'année suivante, en 1882. Il a douze ans. Le nouvel organiste de la cour, Christian Gottlieb Neefe, s'attache au jeune garçon, dont il perçoit vite les promesses immenses. Neefe est un musicien passionné, à défaut d'être techniquement très compétent, et aussi un homme cultivé qui saura transmettre à Ludwig un peu de son goût pour les beautés littéraires et la poésie. Neefe développe une théorie originale : les phénomènes musicaux sont étroitement liés à la vie psychologique et doivent la prendre pour base. Il sait endiguer l'impétuosité de Ludwig et se montrer un professeur exigeant : il le met à l'étude du *Clavier bien tempéré* de Bach, ainsi que des sonates de son fils Carl Philipp Emanuel, école de rigueur et de science dans l'art de la fugue et du contrepoint.

Neefe est aussi chef d'orchestre du théâtre de la Cour. Il trouve à son élève un emploi modeste mais utile : l'accompagnement au clavecin pendant les répétitions, ce qui permet à Ludwig de se familiariser avec le répertoire et d'enrichir sa culture musicale et théâtrale. C'est ainsi qu'il fait connaissance avec les pièces de Shakespeare, *Othello*, *Richard III*, *Le Roi Lear* ; avec celles du jeune Schiller, dont on joue *Les Brigands*. Ces deux poètes demeureront toute sa vie l'alpha et l'oméga de ses passions littéraires : c'est *L'Ode à la joie* du second qu'il choisira dans le final de la *Neuvième Symphonie*.

Une autre rencontre déterminante a lieu cette même année 1782, celle de Franz-Gerhard Wegeler. Il a dix-sept ans, se destine à la médecine qu'il exercera avec brio : professeur à l'université de Bonn à vingt-cinq ans, doyen de la faculté à vingt-huit, recteur à trente : un esprit d'élite. Et pour Beethoven, l'ami le plus constant, le plus fidèle au cours des années, celui qu'il gardera jusqu'à la fin de sa vie. De Wegeler nous restent de précieux témoignages sur Beethoven aux différentes époques de son parcours créateur. C'est Wegeler qui, le premier, a remarqué le jeune Ludwig, qu'il aperçoit de la fenêtre de la demeure d'un de ses amis. Peut-être a-t-il pris en pitié ce jeune garçon dont on dit déjà merveilles en sachant ce qu'il souffrait dans sa famille fruste et brutale. Grâce à Wegeler, Ludwig va trouver un second foyer au sein duquel ses dons exceptionnels s'épanouiront plus harmonieusement, dans une atmosphère chaleureuse et éclairée.

Il s'agit de la famille Breuning. C'est Wegeler lui-même qui décrit, peut-être en les idéalisant un peu, ces êtres aisés, évolués, passionnément attirés par les choses de l'esprit et de l'art :

[La famille] se composait de la mère, veuve du conseiller aulique électoral von Breuning, de trois fils, à peu près de l'âge de Beethoven, et d'une fille. Le plus jeune fils reçut, ainsi que sa sœur, des leçons de Beethoven [...]. Il régnait dans cette maison, avec toute la vivacité de la jeunesse, un ton de bonne éducation sans raideur. Christophe von Breuning s'essaya de bonne heure à de petites poésies ; Stéphane von Breuning l'imita beaucoup plus tard, mais non sans succès. Les amis de la maison se distinguaient par une conversation qui unissait l'utile à l'agréable.

Ajoutons à cela que, dans cet intérieur, il régnait aussi une certaine aisance, surtout avant la guerre : on comprendra facilement que Beethoven y ait ressenti les premières et joyeuses expansions de la jeunesse.

Il fut bientôt traité comme l'enfant de la maison ; il y passait, non seulement la plus grande partie du jour, mais même

souvent la nuit. Là, il se sentait libre ; là, il se mouvait avec
facilité. Tout concourait à s'accorder gaiement avec lui et à
développer son esprit [...] plus âgé que lui de cinq ans, j'étais
capable de l'observer et de l'apprécier. Mme von Breuning, la
mère, avait le plus grand empire sur ce jeune homme souvent
opiniâtre et maussade[7].

Le très jeune Ludwig éprouva-t-il, pour cette
dame accueillante et enjouée, un peu plus que de
l'affection filiale ? Il a douze ans. La rudesse de sa
vie familiale, la violence de son père l'ont mûri. Il
commence à éprouver les premières émotions du
désir, et d'une vie amoureuse qui restera longtemps,
et aujourd'hui encore, l'un des mystères de sa vie.
Beethoven, l'amoureux perpétuel de femmes inac-
cessibles, mariées, déjà engagées, ou insensibles à
ces avances, le trouvant trop laid, trop fruste, incommode à tous égards ? Répétition *ad nauseam*
d'un schéma originel, frappé d'interdit ? L'hypothèse vaut ce qu'elle vaut. Le syndrome de répétition est une figure courante de la vie psychique.
Choix délibérément impossibles et voués à l'échec,
afin de sauvegarder sa liberté de créateur et son
mode de vie passablement désordonné ? Idéalisa-
tion de l'autre sexe pour masquer, par l'inaccom-
plissement, des pulsions homosexuelles alors ina-
vouables ? Rien ne le prouve absolument, ni dans
les documents, ni dans ce que nous savons de sa
vie.

En attendant, Ludwig reçoit les leçons de Neefe,
qui fait de lui son assistant privilégié. Et qui encourage ses premiers essais comme compositeur.
C'est ainsi qu'au début de l'année 1783 paraît la

première œuvre connue du compositeur : neuf variations pour clavecin en ut mineur, sur une marche de Dessler, variations auxquelles Neefe ne manque pas d'assurer une éloquente publicité, soulignant dans *Le Magazine de musique de Cramer* que « ce jeune génie mérite d'être soutenu et de pouvoir voyager. Il deviendra certainement un second Wolfgang Amadeus Mozart, s'il continue comme il a commencé[8] ». L'œuvre, il est vrai, si elle sent encore son exercice d'école, ne manque pas de tempérament, et même d'une puissance réelle chez un enfant de douze ans. Son exécution requiert une dextérité qui laisse deviner, dès cet âge, le niveau atteint par Beethoven au clavier.

À l'automne de la même année paraissent trois sonates pour clavier, dédiées à l'Électeur de Bonn, Maximilien Frédéric, accompagnées d'une lettre à Son Altesse sérénissime, dont on veut bien croire que Beethoven n'est pas entièrement l'auteur, tant le style en est obséquieux et grandiloquent : « Ma muse le voulait, j'obéis et j'écrivis. Et puis-je bien maintenant, Altesse Sérénissime ! m'enhardir à déposer les prémices de mes jeunes travaux sur les marches de ton trône[9] ? »

Johann sombre de plus en plus dans l'alcoolisme. Sa voix, dit un rapport administratif sur les musiciens de la Cour, « se perd tout à fait ». Neefe, accablé de travail, a besoin d'un auxiliaire. En février 1784, Ludwig fait une demande à Maximilien Frédéric pour devenir organiste adjoint, rémunéré, car il exerce pour l'instant ses fonctions sans être payé. La démarche est vaine, l'Électeur ne daignant pas répondre. Mais quelques semaines plus tard, en avril, il a la bonne idée de mourir.

Son remplaçant est l'archiduc Maximilien Franz de Habsbourg, frère de l'empereur Joseph II. C'est un jeune homme replet, âgé de vingt-huit ans. Sa gloutonnerie est déjà légendaire, au point qu'il deviendra monstrueusement obèse. Les avis divergent sur les qualités du personnage. Une lettre de Mozart nous le présente sous un jour des plus contradictoires : brillant dans sa jeunesse, Maximilien Franz aurait endossé en devenant prêtre (car l'Électeur assure aussi des fonctions ecclésiastiques) les habits d'un butor, « la bêtise lui sortant littéralement par les yeux, écrit Mozart, le cou enflé, et parlant sans cesse d'une voix de fausset[10] ». En réalité, c'est un libéral, ouvert aux idées des Lumières, et amateur de musique. Passionné par la science, il fait installer à Bonn une bibliothèque publique et un jardin botanique. Il joue de la viole. Il a même songé à proposer à Mozart, qu'il fréquentait à Vienne, le poste de maître de chapelle, projet qui ne se réalisa pas, peut-être parce que Mozart ne tenait pas à s'enterrer dans une ville de province.

La situation de Beethoven ne tarde pas à évoluer favorablement : en juin, il est nommé organiste en second, avec la somme de 150 florins par an, tandis qu'on enlève à Johann 15 florins sur son traitement. C'est maintenant à Ludwig d'assumer les charges de la famille, à la place d'un père défaillant.

Un jeune homme en cour

Il mène la vie d'un jeune musicien de cour. Il a quatorze ans. La double tendance de son caractère s'affirme : il aime la joie, la formidable jubilation d'exister, de jouer de la musique, les facéties, la liberté ; mais aussi la solitude, les longs moments de méditation et de rêverie mélancolique, dispositions accentuées par la lourdeur de l'atmosphère familiale. Souvent, on le voit à sa fenêtre, contemplant le Rhin, perdu dans ses pensées. Quant aux leçons qu'on le presse de donner, elles l'ennuient profondément et il s'y dérobe autant qu'il peut, inventant tous les prétextes. À peine consent-il à jouer au professeur auprès des enfants de Mme von Breuning, à qui il doit tant. Le désir de composer le taraude. Entre créer et enseigner, le choix ne se pose pas, sauf quand ses élèves sont de ravissantes jeunes personnes dont il prendra l'habitude durant toute sa jeunesse, et même à l'âge mûr, de tomber régulièrement amoureux, souvent sans espoir.

En 1784, il a composé un concerto pour piano que l'on connaît sous la dénomination étrange de

Concerto n° 0, œuvrette charmante tout à fait dans le goût de Haydn et Mozart, les modèles canoniques de l'époque, mais encore loin des illustres modèles dans les procédés d'écriture : trois mouvements, dont un rondo final très enlevé à la mélodie entraînante. L'année suivante, il s'essaie aux quatuors avec piano, trois œuvres jamais publiées de son vivant mais qui contiennent déjà des idées fortes : ainsi retrouvera-t-on un thème du premier quatuor dans le rondo final de la *Sonate pathétique* op. 13, treize ans plus tard ! Les leçons de Neefe ont porté. Mais les relations entre le maître et l'élève traversent quelques turbulences, car pour pouvoir payer à Ludwig 150 florins annuels, l'Électeur n'a rien trouvé de mieux que de diminuer le salaire de Neefe, qui sera rétabli l'année suivante, en 1785. Cette situation intolérable de l'artiste valet, dépendant du bon vouloir des maîtres, ne sera pas une leçon perdue : Beethoven passera sa vie à la combattre.

Mais Neefe s'efface peu à peu. D'autres maîtres — et de quelle stature ! — vont bientôt prendre le relais.

Un nouvel ange gardien entre vers cette époque dans la vie de Ludwig : c'est un jeune homme de vingt et un ans, ami intime de l'électeur Maximilien Franz — son favori dit-on même... Il s'appelle Ferdinand, comte Waldstein-Wartemberg. Bon pianiste, familier, à Vienne, de Mozart et de Haydn, Waldstein est riche et généreux. Il rencontre le jeune Ludwig chez les Breuning qui reçoivent la bonne société. À quel moment ? Cela est incertain. Waldstein a rejoint l'Électeur à Bonn après une carrière militaire avortée. Passionné de musique, il est séduit pas les talents de pianiste du jeune Ludwig qu'il entend jouer dans les concerts privés et à la Cour.

De quelle nature sont ces talents ? Essentiellement l'improvisation : c'est une pratique courante chez les musiciens dans laquelle, dit-on, le grand Jean-Sébastien Bach excellait au plus haut point, à l'orgue et au clavecin. Un motif, une mélodie, une trame musicale, et l'interprète donne libre cours à son habileté, à son inventivité. À ce jeu, Ludwig est en train de devenir un maître. Dans quelques années, il conquerra les salons viennois grâce à ses talents d'improvisateur hors pair, à l'instar de quelques géants du jazz du XXe siècle...

Mais pour l'instant, son souci principal est de nourrir sa famille. Ses premières compositions n'ont pas enthousiasmé le petit monde musical de Bonn. D'ailleurs, Neefe n'a pas cherché à les faire publier (ses trois premiers quatuors ne le seront qu'en 1832, après sa mort) et elles ne lui ont sans doute rapporté qu'une obole. Mais sa réputation de pianiste est déjà solide à Bonn : on se déplace même des villes voisines pour venir l'écouter. Son père, Johann, organise des concerts chez lui chaque fois qu'il le peut, fait venir d'autres musiciens pour accompagner son fils. Le petit groupe d'admirateurs qui protègent le talent de Ludwig, dont le comte Waldstein, comprend qu'il faut lui permettre de se faire connaître à Vienne et de parachever son éducation musicale. Beethoven brûle de s'y rendre. Au printemps 1787, la permission lui en est donnée sous la forme d'un congé. C'est probablement Waldstein qui finance ce voyage au cours duquel Ludwig va rencontrer Mozart.

On a peu de détails sur ce séjour viennois d'avril 1787, écourté, sans doute décevant. Vienne est la capitale de l'Empire, et aussi le centre le plus important de la musique européenne, même s'il n'est pas le seul : à Londres aussi, à Paris, la vie musicale est riche. Mais Vienne... Joseph II est un empereur mélomane. En cette fin du XVIIIe siècle, la ville compte deux cent mille habitants. Elle déploie les beautés baroques de ses monuments, la splendeur élégante de ses jardins, la somptuosité de ses palais, séduction immédiate qui éblouit si l'on ne prend pas la peine de creuser trop avant. L'empereur Joseph II, à qui l'on suggérait d'autoriser l'ouverture de maisons closes, répondit qu'il faudrait construire un toit qui recouvrît toute la ville... Mais c'est là qu'il faut être quand on veut accomplir une carrière artistique et bénéficier du soutien de riches mécènes.

Ludwig y arrive aux environs du 10 avril, après un voyage de deux semaines. Où loge-t-il ? Sans doute a-t-il été recommandé à des amis du comte Waldstein. Comment rencontre-t-il Mozart, son idole, l'homme dont l'exemple a bercé son enfance ? La légende ici prend le relais, assez peu regardante sur les faits : Beethoven aurait rencontré l'empereur Joseph (pourtant absent de Vienne à ce moment), et surtout Mozart. La période est sans doute bien mal choisie, car Mozart est en train de composer *Don Giovanni*, et il sait son père très malade, circonstance peu propice pour donner des leçons à un jeune inconnu. Otto Jahn, l'un des biographes de Mozart, raconte la scène :

Beethoven fut emmené chez Mozart, et à sa demande lui joua quelque chose que Mozart, croyant que c'était une pièce de virtuosité préparée pour l'occasion, approuva assez froidement. Beethoven, s'en étant aperçu, demanda à Mozart de lui donner un thème sur lequel improviser. Comme il avait l'habitude de jouer admirablement quand il était d'humeur à cela, galvanisé par la présence du maître pour lequel il avait un respect si grand, il joua de façon telle que Mozart, dont l'attention et l'intérêt augmentaient, finit par se diriger vers la pièce voisine où se tenaient quelques amis, et il leur dit : « Faites attention à celui-là, un jour il fera parler de lui dans le monde. »[1]

Anecdote des plus douteuses, sans doute enjolivée, peut-être apocryphe, tout comme, probablement, la légende des leçons données par Mozart à Ludwig, qui se réduisirent à quelques conseils. Beethoven entendit-il seulement Mozart jouer du piano ? Il se plaignit que non. Le monde n'attend pas encore son génie...

Ce premier séjour à Vienne, d'où Ludwig ne ramènera que des dettes, ne dure que deux ou trois semaines. Il reçoit des nouvelles alarmantes : sa mère est au plus mal. La mort dans l'âme, il rentre à Bonn, passant par Augsbourg où il rencontre Stein, célèbre facteur de pianos qui est en train d'inventer l'instrument moderne.

Le retour à Bonn, quelle qu'en soit la date (fin avril ? fin juin ?), est triste. Sa mère, Maria Magdalena, meurt le 17 juillet, rongée par la phtisie. Cette mort le laisse dévasté, angoissé, en proie à des sentiments contradictoires, comme l'atteste cette lettre du 15 septembre envoyée au docteur Schaden, d'Augsbourg, qui lui a prêté de l'argent pour son retour, argent qu'il ne peut encore lui rendre :

Il faut vous l'avouer, depuis mon départ d'Augsbourg, ma joie et ma santé ont commencé à décliner ; à mesure que j'approchais de ma ville natale, je recevais de mon père des lettres me conseillant de voyager plus vite que de coutume car ma mère n'était pas dans un état de santé favorable ; je me hâtai donc autant que possible, bien qu'étant moi-même indisposé ; le désir de pouvoir encore une fois revoir ma mère écarta les obstacles et m'aida à surmonter les plus grandes difficultés. Je trouvai encore ma mère, mais dans l'état de santé le plus misérable ; elle avait la phtisie, et mourut enfin, il y a environ sept semaines, après avoir supporté bien des douleurs et bien des peines. C'était pour moi une si bonne, une si aimable mère, ma meilleure amie. Oh ! Qui donc était plus heureux que moi, alors que je pouvais encore prononcer le doux nom de ma mère [...] Depuis mon retour ici, je n'ai encore goûté que peu d'heures agréables ; tout le temps j'ai eu des étouffements et je dois craindre qu'il n'en résulte de la phtisie ; à cela s'ajoute encore la mélancolie, qui est pour moi un mal presque aussi grand que ma maladie même[2] [...].

Lettre essentielle, qui traduit un désarroi profond, et nous révèle surtout l'angoisse qui hantera Beethoven tout au long de sa vie : la maladie, celle dont sa mère vient de mourir. Des témoignages confirment cette obsession, cette manie de scruter ses crachats pour y déceler des traces de sang, sa peur panique d'une mort par étouffement. Plus tard, d'autres phobies se manifesteront, jusqu'à la crainte d'être empoisonné par une femme, ce qui n'est guère le signe d'un rapport apaisé avec la gent féminine...

Dans la vigueur de ses dix-huit ans, Ludwig s'efforce pourtant d'assumer vaillamment sa nouvelle charge de chef de famille, car Johann est incapable de réagir à son veuvage autrement qu'en s'enivrant de plus en plus souvent. Une petite sœur âgée d'un an, donc née au moment où Maria Magdalena était déjà très malade, meurt en novembre. À ce nouveau chagrin s'ajoute le calvaire de la honte : Ludwig est souvent contraint d'intervenir auprès de l'autorité pour empêcher que l'on arrête son père. Ses deux frères, encore jeunes et de médiocres dispositions, ne peuvent le seconder dans ce chemin de croix familial, et c'est lui qui devient le tuteur de ce père qu'il méprise, qu'il aime, à qui il est encore assujetti, mais cette fois par une autre violence que celle des coups. Johann est tout à la fois victime et bourreau, de lui-même et des siens. Son état pitoyable tourne à un chantage psychologique odieux, qui joue sur les cordes de la culpabilité, de la torture mentale, tour à tour menaçant et geignant, et pesant de tout son poids mort, tel Anchise, sur les épaules de son fils aîné. Il n'est certes pas le premier père encombrant s'efforçant, par perversité ou jalousie inconsciente, de gâcher la vie d'un fils de quelque avenir et d'entraver sa route, mais cela prend chez lui, l'éthylisme aidant, des proportions délirantes. À tel point que Ludwig, après deux années de ce régime qui l'empêche tout à fait de poursuivre ses travaux de composition, entreprend une démarche auprès de l'Électeur, premier pas vers son émancipation : il demande à Son Altesse sérénissime de supprimer le traitement de son père pour le lui transférer. Sa requête est acceptée, le décret est signé, mais Ludwig ne va pas jusqu'au bout de sa démarche : son père l'a supplié, le fils mesure ce que représenterait symboliquement cette dépossession. Un reste d'affection, ou peut-être une violente crise d'autorité paternelle, dévoyée en pleurnicheries, le convainc de surseoir à cette requête. Il semble qu'en outre Johann ait dérobé le décret à son fils et que Ludwig s'en soit aperçu après la mort de son père, en voulant concrétiser sa démarche. Quoi qu'il en soit, père et fils parviennent à un accord : Johann versera à Ludwig, chaque trimestre, les 25 thalers de son salaire.

La crise de cette fin d'année 1789 s'avère féconde : Ludwig recommence à composer. Dès le début de l'année 1790 naissent des œuvres plus que prometteuses : des cycles de variations pour piano, un trio pour piano, des lieder... Et une musique de ballet ; première œuvre orchestrale connue que ce *Ritterballet*, ou « Ballet chevaleresque », commandé par le comte Waldstein qui s'en attribuera la paternité lors de son exécution à Bonn, en mars 1791. L'amitié des princes s'accompagne parfois de quelques indélicatesses.

L'œuvre la plus marquante de cette période reste la fameuse *Cantate sur la mort de Joseph II*. L'empereur musicien s'est éteint le 20 février 1790. Beethoven s'emploie aussitôt à répondre à la commande que lui adresse la cour électorale : il compose fiévreusement cette cantate qui doit être donnée à Bonn au cours d'une cérémonie funèbre, le 19 mars suivant. Mais l'œuvre ne sera jamais jouée. Trop difficile à interpréter ? Impossible à répéter en un si court laps de temps ? Il faudra attendre près d'un siècle, 1884, pour en entendre la première exécution à Vienne. Une autre cantate, célébrant cette fois l'avènement de Léopold II, connaîtra le même sort.

Avanies ? Déception ? Cela n'entame guère la réputation de Beethoven, « le cher bon Beethoven », ainsi qu'on l'appelle, comme virtuose du piano. Dans le petit milieu musical de Bonn, le jeune homme est désormais la figure la plus en vue. Il a vingt ans. Trop tard pour être le nouveau Mozart : il lui reste à devenir lui-même.

Il s'y emploie avec opiniâtreté, cherchant à combler les lacunes de son instruction tout en engageant quelques timides liaisons féminines. Il s'est inscrit à la faculté de lettres pour y suivre des cours de littérature. Son professeur, Euloge Schneider, est un esprit ardent qui prendra fait et cause pour la Révolution française, avant de mourir sous la guillotine en 1794. Par nature, autant qu'à cause des charges qu'il occupe, Beethoven se montre peu assidu aux cours. Il est fondamentalement un autodidacte. Mais il lit avec avidité. Les idées nouvelles lui sont familières. L'influence de Neefe, franc-maçon, libre-penseur, a marqué son adolescence : Neefe appartient même à la branche la plus radicale de la franc-maçonnerie, celle des Illuminés de

Bavière, dissoute à Bonn en 1784, suite à son interdiction en Bavière, et remplacée par une « Société de lecture » (*Lesegesellschaft*) qui compte une centaine de membres. Cette société n'a rien d'une officine de contestation : la fine fleur de l'aristocratie en fait partie, dont le comte Waldstein, et aussi de proches amis de Beethoven. Mais les idées défendues par ces Illuminés (qu'il faut se garder de confondre avec les Illuministes, fervents de l'ésotérisme) sont toujours vivaces : progressisme, fraternité, religion de l'homme, foi en la raison — et un anticléricalisme qui va laisser des traces chez Beethoven. Issu d'une famille catholique pratiquante, sa religion intime sera davantage tournée vers une spiritualité dominée par la figure d'un Christ très humain, qu'attachée à une stricte observance des dogmes.

À vingt ans, Ludwig van Beethoven est un révolutionnaire en esprit, sinon en actes, car l'homme de cour est encore docile. Il s'imprègne des idées et de son temps, reçoit les échos des événements qui se déroulent en France. Et il lit tout ce qui lui tombe sous la main : littérature allemande, Goethe et Schiller, auteurs grecs et latins, traités ésotériques sur la théologie et les sciences. Quant à la philosophie, celle d'Emmanuel Kant en particulier qui domine à cette époque la conscience intellectuelle allemande, il y accède surtout par la vulgarisation, tout comme en France, après la Seconde Guerre mondiale, on se disait volontiers existentialiste sans avoir lu une ligne de Sartre. De l'impératif catégorique kantien, il retient cette injonction : « Agis de telle sorte que la maxime de ton action puisse être érigée en loi universelle[3]. » Ou encore : « Deux choses remplissent le cœur d'une admiration et d'une vénération toujours nouvelle et toujours croissante, à mesure que la réflexion y attache et s'y applique : le ciel étoilé au-dessus de moi et la loi morale en moi[4]. » La loi morale... Selon Kant, l'homme n'est homme qu'en tant qu'il est libre et, pour cette raison même, n'a nul besoin de la crainte d'un être supérieur à lui, d'un dieu, pour connaître son devoir. Vertu, morale librement choisie, confiance en la sagesse du prince, à condition qu'il soit bon et juste : tel est le credo du jeune Beethoven. Concernant les princes, le moins que l'on puisse dire est qu'il évoluera sensiblement au cours de sa vie. Une chose est sûre : comme nombre de ses compatriotes, il est fasciné par la Révolution française. Et par un idéal de vertu, au sens romain du terme, qui sera le socle fondateur de sa démarche d'homme et d'artiste.

Est-ce cet amour de la vertu qui l'entrave quelque peu dans ses relations féminines ? Sa timidité brutale ? Le peu d'attrait de son physique auprès des jeunes filles ? Le jeune Beethoven est indéniablement attiré par le beau sexe, sans parvenir tout à fait à vaincre ses inhibitions. Un exemple ? Le témoignage d'un certain Nikolaus Simrock, musicien à Bonn, qui raconte qu'en 1791, dans un restaurant, des musiciens incitèrent la servante, une blonde fort appétissante, « à faire valoir ses charmes devant Beethoven. Celui-ci accueillit ses provocations avec froideur et, comme elle insistait, encouragée par les autres, il perdit patience et finit par mettre un terme à ses avances par une gifle[5] ».

Il éprouve des passions violentes, souvent brèves. *Les Souffrances du jeune Werther* de Goethe, foudroyant succès de l'époque du *Sturm und Drang*, continuent à faire des ravages et Ludwig, au fond, est un chaste. Il s'amourache tour à tour de Jeannette von Honrath, amie de la famille Breuning, « une belle blonde enjouée, dit Wegeler, de manières aimables, et d'un caractère affectueux[6] », malheureusement engagée auprès d'un militaire qu'elle finira par épouser ; de Maria-Anna von Westerholt, son élève ; de Barbara Koch, « l'idéal d'une femme accomplie[7] », commente l'ami Wegeler, qui est la fille de la propriétaire d'une auberge où se réunit la fine fleur de la société de Bonn, et deviendra par son mariage la comtesse Belderbusch, sans savoir jamais répondu aux lettres enflammées du jeune musicien. Enfin, Ludwig éprouve aussi une tendre inclination pour Éléonore von Breuning, la fille de sa seconde famille, qui plus tard épousera le brillant Wegeler. Mais toujours, et jusqu'à la fin de sa vie, l'image d'Éléonore, de sa « Lorchen », habitera sa mémoire. De timides échanges de lettres entre eux ne laissent aucun doute sur leurs sentiments profonds, notamment leurs vœux du jour de l'an 1791. « Soyez aussi heureuse qu'aimée[8] », écrit Ludwig. « Ô puisse ton bonheur égaler tout à fait le mien », répond Lorchen. Mais il semble pourtant que les sentiments de l'un et de l'autre ne soient pas de même nature. Pour l'anniversaire de Ludwig, Lorchen a écrit : « Je souhaite ta faveur. À toi, à mon égard — Indulgence et patience[9]. »

Indulgence et patience... Ce n'est guère le signe d'un amour ardent, plutôt d'une amitié profonde. Longtemps après, en 1826, Beethoven écrira à Wegeler ces lignes mélancoliques : « J'ai toujours la silhouette de ta Lorchen ; je te le dis pour que tu voies combien m'est cher tout l'amour et le bonheur de ma jeunesse[10]. »

Ces amours manquées, inaccomplies, à peine ébauchées, ne sont pas un hasard : au fond de l'âme ardente de Ludwig, il y a un appel unique, un désir profond, impérieux : accéder à la grandeur, laver les douleurs de l'enfance, s'élever aussi haut qu'il le pourra. Et un seul moyen pour y parvenir : la musique.

Papa Haydn

Ludwig est au piano. Sa réputation d'instrumentiste virtuose est déjà bien établie à Bonn. Il possède un jeu puissant mais, dit Wegeler, « inégal et dur[1] ». Qu'y manque-t-il ? Les nuances, une certaine délicatesse... Nous ne saurons jamais bien sûr quel pianiste il fut vraiment. L'instrument fut toujours le compagnon de sa pensée musicale, des inventions, des constructions prodigieuses qui vont s'élaborer dans son esprit. Quant à ses performances pianistiques, rien de comparable sans doute à celles de Schumann, de Chopin, de Liszt, ces athlètes du piano qui, au cours du XIXe siècle, porteront l'instrument au maximum de ses possibilités techniques. Beethoven est contemporain de la naissance balbutiante du piano moderne. Il a connu le clavecin, puis le pianoforte, au son encore aigrelet, vaguement bastringue, si étrange pour nos oreilles modernes, n'en déplaise aux « puristes », aux snobs, aux tenants d'une « authenticité musicale » imaginaire : souvent, Beethoven se plaignit que l'instrument dont il rêvait, et pour lequel il composait, n'existât pas encore !

Quoi qu'il en soit, à l'aube des années 1790, le jeu pianistique de Ludwig est encore perfectible. En septembre et octobre 1791, le grand voyage de l'Électeur à Mergentheim auquel il participe va lui permettre de mesurer son jeune talent à celui, plus subtil, de Sterkel, maître de chapelle de l'Électeur de Mayence.

Sterkel jouait très légèrement, d'une manière extrêmement agréable et, selon l'expression de Ries le père, quelque peu féminine. Beethoven se tint près de lui avec l'expression la plus concentrée. Ensuite il fut obligé de jouer ; il le fit, bien que Sterkel [...] doutât que le compositeur même des variations fût en état de les jouer couramment. Alors Beethoven joua, non seulement ces variations, mais aussi une quantité d'autres qui n'étaient pas moins difficiles. À la grande stupéfaction de ses auditeurs, il les joua exactement de cette même manière légère et agréable qui l'avait frappé chez Sterkel. Tant il lui était facile de modifier son jeu d'après celui d'un autre[2].

L'Europe est en ébullition. L'empereur Léopold II est mort le 1er mars 1792, remplacé par le très conservateur François Ier d'Autriche, dont le règne se poursuivra jusqu'à la mort de Beethoven et au-delà. Antirévolutionnaire farouche, hostile aux idées nouvelles, au contraire de son oncle Joseph II et de son père Léopold II, François Ier d'Autriche mènera le pays de catastrophe en avanie face aux armées révolutionnaires françaises, puis napoléoniennes, jusqu'à ce que le congrès de Vienne, en 1814, lui permette de prendre sa revanche, avec l'aide inspirée de son fidèle Metternich.

En avril 1792, la France, par la voix de son Assemblée législative, déclare la guerre au roi de Bohême et de Hongrie, l'empereur Franz. Au mois d'août, le roi Louis XVI est destitué. Le 20 septembre, à Valmy, l'armée dépenaillée des sans-culottes tient les Prussiens en échec, puis en novembre, à Jemmapes, les Autrichiens sont chassés de Belgique par les soldats de Dumouriez. La France révolutionnaire, désormais le phare de la liberté en Europe, du moins dans ses intentions proclamées, ambitionne de renverser les monarchies, de vaincre les tyrannies : un vaste projet.

De tels événements devraient enthousiasmer la fibre révolutionnaire de Ludwig. Mais la grande affaire de cet été 1789, c'est surtout sa rencontre avec Joseph Haydn.

« Papa Haydn », comme le surnommait affectueusement Mozart, mort six mois auparavant, est de passage à Bonn. À soixante ans, cet homme sans grâce, d'une prestance modeste, d'une bonté empreinte de foi ardente, est enfin libéré, du fait de la mort du prince Nicolas en 1790, de la tutelle des princes Esterházy chez qui il a servi pendant plus de trois décennies. Sans doute cette spiritualité lumineuse lui a-t-elle permis de résister aux pressions d'une tâche écrasante, et aux déceptions d'un mariage calamiteux avec une femme dont il préférait la sœur... C'est dans le château Esterházy, en Hongrie, que ce génie, discret mais fécond, a composé la plus grande partie de son œuvre immense, pressé par la constante nécessité de fournir des partitions à l'orchestre et au théâtre princier, ainsi que des morceaux de musique de chambre : trios, quatuors, sonates pour le piano, innombrables lieder... Cette frénésie créatrice imposée, dont il s'est acquitté avec une bonhomie et une intégrité unanimement louées, a fait de lui un maître. Le seul incontestable restant à Vienne depuis la mort de Mozart. S'il a reconnu en son jeune ami Wolfgang « le plus grand musicien que la terre ait jamais porté[3] », sa propre œuvre recèle de fabuleux trésors et marque une étape essentielle dans l'histoire des genres musicaux — la symphonie, le quatuor et la sonate notamment. Bien des pianistes, et quelques mélomanes avisés, affirment même que ses sonates pour piano sont plus intéressantes que celles de Mozart, plus inventives, plus mystérieuses. Il est le maître absolu du quatuor à cordes. Quant à ses symphonies, elles enchantent par leur grâce, elles surprennent par leur richesse et leur complexité dans l'exploitation de l'orchestre, telle la fameuse série des symphonies londoniennes.

Londres, justement, Haydn s'y est rendu à la fin de 1790, à l'invitation d'un imprésario nommé Johann Peter Salomon, originaire de Bonn. Il s'est arrêté à Bonn, a probablement croisé Beethoven une première fois. Ludwig lui a montré une de ses compositions, sans doute la fameuse *Cantate à Joseph II*. Ou bien est-ce à son retour de Londres, où Haydn a connu, pendant plus d'une année, un séjour triomphal — comme une première apothéose après une longue vie de servitude ? En tout cas, le vieux maître est impressionné par les qualités d'écriture de ce quasi-inconnu. Certes, Haydn repère quelques erreurs dans les premiers travaux du jeune Ludwig, mais assez de tempérament et de promesses pour accepter de lui donner des leçons, à la demande de l'Électeur.

Le 1er novembre 1792, Beethoven part pour Vienne. Il a vingt-deux ans, croit toujours n'en avoir que vingt. Il laisse derrière lui un père à bout de forces, deux frères à l'avenir incertain, une jeunesse difficile, marquée par la violence paternelle, mais illuminée aussi de belles rencontres. À Bonn se sont ancrés son amour indéfectible de la musique, sa vocation, ses premières émotions amoureuses, son caractère mélancolique et enthousiaste, volontaire et rêveur. Devant le Rhin majestueux, dans cette nature aimable et puissante, il a puisé le sentiment profond de la réalité du monde et de ses forces telluriques, il a conçu le désir d'être aimé pour sa musique, de devenir par le travail, la vertu, le don de soi à ses frères humains, ce que son père n'a pas su être : un grand artiste. Les toits de Bonn s'éloignent dans la brume. Il ne sait pas qu'il ne retournera jamais dans sa ville natale. Même au moment de la mort de son père, qui quitte ce monde le 18 décembre 1792, probablement d'une crise cardiaque. Beethoven ne pouvait ignorer en partant que Johann vivait ses derniers jours. A-t-il précipité son départ pour ne pas le voir mourir ? Il est désormais seul avec lui-même, sans le surmoi violent, geignard, peu admirable qu'a été son père, ce malheureux, cette épave qui a pesé sur ses épaules pendant vingt ans.

« Recevez des mains de Haydn l'esprit de Mozart », lui aurait écrit le comte Waldstein au moment de son départ, dans l'album rassemblant les adieux de ses amis. La formule est peut-être trop belle pour être authentique, nombre de documents ayant été trafiqués après la mort de Beethoven, notamment par son hagiographe zélé, Schindler, dont nous parlerons le moment venu avec toute la bienveillance que méritent ses mauvaises actions. Beethoven songe-t-il à Lorchen durant le long voyage vers Vienne ? Ils se sont quittés fâchés, semble-t-il — on le sait par une lettre que Ludwig adresse à la jeune fille à son arrivée à Vienne, dans laquelle il demande à être pardonné. Lorchen, quant à elle, n'a jamais exprimé autre chose, à l'égard de Ludwig, que son amitié profonde : « Que l'amitié, avec le bien, croisse comme l'ombre du soir, jusqu'à ce que s'éteigne le soleil de la vie[4]. » Ces vers de Herder, elle les a tracés sur son album d'adieux.

Voici Beethoven à Vienne, et pour toute sa vie, ce qu'il est loin d'imaginer, pensant retourner à Bonn une fois ses études terminées. Ville somptueuse en effet, ville charmante — ville odieuse aussi, infestée d'espions et de délateurs à la solde de l'empereur, bientôt capitale de la valse et du kitsch sirupeux. De la psychanalyse également, ce qui n'est pas un hasard, l'inconscient viennois offrant à l'analyse une mine inépuisable de refoulements divers. À Vienne, on craint la contamination des idées révolutionnaires venues de France, et qui se propagent dans toute l'Europe. Pourquoi la musique y trouve-t-elle une place de choix ? Parce qu'elle est jugée inoffensive. Les autres moyens d'expression, la philosophie, la littérature, ces nids de sédition, n'y sont pas les bienvenus. Même l'empereur Joseph II, désireux de fonder une académie à Vienne, s'était heurté à la frivolité d'une population qui trouva le moyen de bouder le *Don Giovanni* de Mozart, avant de laisser mourir le compositeur dans la misère.

La nouvelle du décès de son père ne surprend pas Ludwig. Johann est déjà mort tant de fois dans son cœur... L'oraison funèbre de l'Électeur pour l'ancien cantor se passe de commentaires : « Beethoven est mort ; c'est une perte sérieuse pour l'impôt sur les boissons[5]. » Le salaire de Johann, transféré à Ludwig, continue d'être payé par l'Électeur pour l'entretien des deux frères, qui peuvent subvenir à leurs besoins sans sa présence. Bien sûr, pas question de rentrer à Bonn. Muni de lettres de recommandations de Waldstein et de l'Électeur, Ludwig se présente au baron Nikolaus Zmeskall von Domanovecs, secrétaire aulique à la chancellerie royale de Hongrie. Ce premier contact sera le bon, Zmeskall se révélant pour Ludwig un ami précieux et constant tout au long de sa vie, le plus fidèle qu'il aura à Vienne, et le plus généreux, prodigue de son temps, de son argent, de toutes les relations qu'il possède dans la capitale. Il est des signes qui ne trompent pas : l'ombrageux Beethoven ne se brouillera jamais avec celui-là, du moins jamais plus de quelques heures !

C'est avec lui qu'il se rend chez Haydn. Les leçons avec le vieux maître commencent aussitôt. Assez détendues dans la forme, si l'on en croit les carnets de dépenses de Ludwig : elles se terminent en général au café, « papa Haydn » étant gourmand de chocolat. Quant au fond, il ne semble pas qu'il y ait beaucoup d'affection ni de complicité artistique entre ces deux caractères si différents. Beethoven affirmera d'abord n'avoir rien appris de Haydn ; beaucoup plus tard, il reconnaîtra qu'il aurait « commis bien des extravagances sans les bons conseils de papa Haydn et d'Albrechtsberger », son autre professeur à Vienne. La vérité, c'est qu'il y a chez Beethoven quelque chose de sombre, d'impérieux, d'étrange même, qui inquiète la claire nature de Joseph Haydn. Beethoven, raconte le flûtiste Drouet, témoin de la scène, a montré à Haydn ses premières compositions. Et de nous rapporter le dialogue qui s'ensuit :

« Vous avez beaucoup de talent, dit Haydn, et vous en acquerrez plus encore, énormément plus. Vous avez une abondance inépuisable d'inspiration, mais… Voulez-vous que je vous le dise franchement ?

— Certes, car je suis venu pour avoir votre opinion, grommelle Ludwig.

— Eh bien, vous ferez plus que ce que vous avez jamais fait jusqu'à présent, vous aurez des pensées que personne n'a encore eues, vous ne sacrifierez jamais (et vous ferez bien) une belle pensée à une règle tyrannique, mais vous sacrifierez les règles à vos fantaisies ; car vous me faites l'impression d'un homme qui a plusieurs têtes, plusieurs cœurs, plusieurs âmes, et... Mais je crains de vous fâcher.

— Vous me fâcherez si vous n'achevez pas.

— Eh bien donc, puisque vous le voulez, je dis que, selon moi, on trouvera toujours dans vos œuvres quelque chose de bizarre et d'inattendu, d'inhabituel, certes partout de belles choses, même des choses admirables, mais ici et là quelque chose d'étrange et de sombre, parce que vous êtes vous-même un peu sombre et étrange ; et le style du musicien, c'est toujours l'homme. Regardez mes compositions. Vous y trouverez souvent quelque chose de jovial, car je le suis moi-même. Vous y trouverez toujours une pensée gaie à côté d'une pensée sérieuse, comme dans les tragédies de Shakespeare... Eh bien, rien n'a pu chez moi détruire cette sérénité naturelle, pas même mon mariage ni ma femme[6] ! »

Mais les leçons de Joseph Haydn déçoivent Beethoven. Haydn est vieillissant, il atteint enfin une gloire publique universelle, du moins européenne. Il songe à son second voyage à Londres. Et il n'est pas très amusant de donner des leçons, fût-ce à un futur génie. D'ailleurs, il ne se sent pas à l'aise avec ce Beethoven, décidément mal embouché. Il lui prescrit des exercices de contrepoint, d'harmonie, de basse continue, matières auxquelles Beethoven se croit déjà rompu grâce à l'enseignement de Neefe. Haydn corrige distraitement ses exercices : une quarantaine sont annotés de sa main sur les quelque deux cent cinquante que Ludwig lui confie. Que cherche-t-il auprès de Haydn ? L'adoubement d'un maître, déjà les avis d'un pair, peut-être quelques secrets de fabrication... Haydn considère ce jeune homme impatient avec une indulgence mêlée d'humour. Il l'appelle, en raison de son caractère entier et de son teint noiraud, « le Grand Mogol ». Toujours, il lui marquera une considération affectueuse, s'inquiétant des progrès de sa carrière. Mais il n'y a pas entre eux l'alchimie précieuse, mystérieuse, de l'amitié. Haydn pressent-il que son « élève » va faire basculer la musique vers des territoires inconnus, briser cet équilibre classique dont il est le représentant le plus accompli depuis la mort de Mozart ?

Délaissant ce maître évasif, Beethoven se choisit un autre mentor, Jean-Baptiste Schenk. Celui-là, auteur du *Barbier de village*, est un spécialiste reconnu du contrepoint, ce fondement de la musique occidentale qui consiste, selon de complexes combinaisons, à composer deux motifs musicaux différents, mais joués simultanément et dans une parfaite harmonie. Schenk s'en va visiter Beethoven dont on lui a vanté le grand talent. La chambre du jeune musicien arbore un désordre peu ragoûtant. Des restes de nourriture graissent les partitions étalées sur la table et le dessus du piano, des vêtements d'une propreté douteuse jonchent le sol. Il en sera toujours ainsi, les visiteurs en témoignent, dans les nombreuses demeures que Beethoven occupa à Vienne pendant près de quarante ans. Beethoven, d'humeur enjouée ce jour-là, tend à Schenk quelques exercices de contrepoint. Au premier coup d'œil, le maître décèle quelques fautes. Beethoven

se plaint de Haydn dont il a noté le peu d'empres-
sement. Il est exigeant, et pressé. Mais pour ne
pas fâcher le bon papa Haydn, Beethoven aura la
délicatesse de recopier de sa main les passages cor-
rigés par Schenk. On dit que Haydn, apprenant ce
petit arrangement, prit la chose avec le sourire…

En très peu de temps, à Vienne, Beethoven devient la coqueluche de l'aristocratie. Depuis la mort
de Mozart, qu'il a si mal traité, le public se cherche un nouveau héros. Ce jeune pianiste brillant,
au tempérament de feu et au physique étrange,
arrive à point nommé. Il lui faudra toutefois attendre le 29 mars 1795 pour donner son premier
grand concert public, soit plus de deux ans après
son arrivée à Vienne. En attendant, il fait le bonheur des salons de l'aristocratie où ses talents sont
appréciés au plus haut point. Il est reçu dans les
grandes familles, les Lichnowsky, les Razoumovski,
les Lobkovitz, les Liechtenstein, des noms qui nous
sont encore familiers, mais seulement parce qu'ils
ont été les dédicataires de ses œuvres… Le prince
de Lichnowsky est son ange gardien : il le loge dans
sa maison, assure sa renommée auprès des gens
qui comptent à Vienne, encourage ses travaux de
composition en les jouant lui-même au piano. Sa
femme, la princesse Christine, se révèle une hôtesse
empressée mais quelque peu encombrante. « Il
s'en est fallu de peu, dira Beethoven à Schindler, que
la princesse ne me mette sous un globe de verre,
afin que nul indigne ne me touche ou ne m'effleure
de son souffle[7]. »

Quel magnétisme peut bien dégager ce jeune homme pour être entouré de tant de sollicitude ? Il représente assurément un type nouveau d'artiste, une curiosité inhabituelle. Tandis que Haydn et Salieri se montrent dans les salons, emperruqués, poudrés, bas de soie et souliers conformément à l'usage, Beethoven s'y rend en simple habit. Son apparence est peu soignée, comme en témoigne une jeune personne qui assista à ses premières apparitions dans le monde, Mme von Bernhard :

> Il était petit et sans apparence, avec un visage rouge et laid, couvert des marques de la petite vérole. Sa chevelure était brune et retombait presque en mèches autour de son visage. Sa mise était très ordinaire, et éloignée de ce laisser-aller qui était alors à la mode. Avec cela, il parlait beaucoup en dialecte, et avec une façon de s'exprimer assez vulgaire ; et comme, en général, rien dans ses dehors ne trahissait sa personnalité, il paraissait d'autant moins maniéré dans les gestes et l'attitude[8].

Un an après son arrivée à Vienne, Beethoven adresse une lettre à Éléonore von Breuning. Non seulement il ne l'a pas oubliée, mais la dispute entre eux, qui a précédé son départ, continue de le hanter. Quelles paroles irréparables ont-elles pu être prononcées par Ludwig, peut-être par Lorchen, pour que les choses se soient ainsi envenimées ? Cette lettre nous en apprend beaucoup sur le caractère de Beethoven, irritable, colérique, querelleur, puis regrettant ses emportements et suppliant qu'on lui pardonne :

Quand la fatale discussion m'est revenue à l'esprit, ma conduite d'alors m'a paru si abominable ! Mais c'était fait ; oh, combien je donnerais pour pouvoir, si j'en étais capable, effacer de ma vie une façon d'agir si déshonorante, et d'ailleurs diamétralement opposée à mon caractère[9] !

Que s'est-il donc passé ? On peut l'imaginer : une explosion violente de Ludwig, dont le caractère orgueilleux et entier supportait mal la situation qui lui était faite chez les Breuning, de presque fils adoptif redevable à ses hôtes, humilié d'être utilisé comme maître de musique d'une jeune fille dont il est amoureux, et qui le tient à distance. Un malentendu, attisé par des propos rapportés, et entretenu par l'absence d'explications. Une confusion des sentiments où des liens fraternels se mêlent de désirs troubles. Toujours est-il que pour obtenir son pardon, Ludwig adresse à Lorchen une dédicace pour une œuvre composée à son intention, des variations sur l'air de « *Se vuol ballare...* » des *Noces de Figaro* de Mozart où Figaro, est-ce un hasard, défie le comte qui veut lui voler la femme qu'il aime... Détail touchant, dans la même lettre il demande à Lorchen de lui tricoter un gilet d'angora, celui qu'elle lui avait donné à Bonn et qu'il conserve pieusement étant démodé ! Une chose est sûre : Beethoven a été profondément épris d'Éléonore von Breuning, cœur prompt à s'enflammer, à se déprendre, à revenir à d'anciennes amours, comme hanté par l'angoisse de la perte.

Joseph Haydn repart pour Londres en janvier 1794. Avant son départ, il confie son indocile disciple au professeur le plus réputé de Vienne, Johann Georg Albrechtsberger, organiste de la Cour, maître de chapelle de la cathédrale. Il va donner des leçons à Beethoven pendant treize mois, de janvier 1794 à février 1795. Ce musicien a connu son heure de gloire comme compositeur. De quatre ans plus jeune que Haydn, il a écrit des symphonies, des quatuors, des concertos, mais sa réputation de compositeur est derrière lui, et il consacre beaucoup de son temps à l'enseignement — un enseignement des plus classiques : il préconise, pour atteindre à la maîtrise de la composition, de s'en tenir à la tradition de Fux, dont la théorie est basée sur la fugue et le contrepoint. Patiemment, trois fois par semaine, Albrechtsberger poursuit ses leçons avec Beethoven qui a cette particularité, propre aux forts caractères et aux personnalités qui entendent faire quelque chose de leur vie, de ne pouvoir supporter aucune directive, de se dérober aux disciplines académiques, quitte à s'y adonner seul, en autodidacte, quand il en a besoin pour son travail de composition. Pourtant, les leçons du nouveau maître vont avoir sur lui une réelle influence, bien qu'il considérât Albrechtsberger comme un cuistre poussiéreux, passé maître « dans l'art de fabriquer des squelettes musicaux[10] ». Une influence notamment sensible dans l'accès à la musique religieuse et à un large choix du répertoire baroque en ce domaine : Allegri, Bach, Caldara, Fux, Haendel, Lassus, Palestrina, toute la culture musicale qui manque encore au jeune Ludwig pour en faire un maître accompli, recueillant les héritages pour les dépasser. On a beaucoup dit que les deux hommes ne s'entendaient pas et se supportaient mal. Pourtant, vingt ans plus tard, Beethoven au sommet de sa gloire donnera des leçons gratuites au petit-fils d'Albrechtsberger, reconnaissant dans le vieux professeur un exemple dont l'influence l'avait marqué. De son côté, Albrechtsberger aurait déclaré un jour que son élève n'avait rien appris et ne ferait jamais rien de bon. C'est que Ludwig, comme tous les impatients, veut brûler les étapes et envoyer au diable les exercices d'école. La musique pour lui ne se réduit pas à une technique de composition déjà portée par d'autres à son plus haut degré de perfection, comme la fugue. Comment être un plus grand architecte que Bach ? Ce procédé de la fugue est d'ailleurs absent de ses premières compositions de jeunesse, et il ne l'utilisera que par bribes, librement, au gré de ses besoins, jusqu'à ce que tout son apprentissage se retrouve sublimé, vers la fin de sa vie, dans la composition grandiose de la *Grande Fugue*. En somme, répugnant à se plier aux règles anciennes, Beethoven n'aura d'autre choix que de réinventer certaines formes de l'écriture musicale pour imposer son propre monde, inventer des architectures nouvelles, user de toutes les ressources des instruments et de l'orchestre pour faire entendre des sonorités aux couleurs inédites.

De même pour l'opéra, dont le grand maître à Vienne, depuis la mort de Mozart, est Antonio

Salieri. Ce musicien estimable, dont une tradition romantique douteuse initiée par Pouchkine a fait l'assassin de Mozart, est en réalité passé maître dans l'art d'imposer des talents de compositeur dramatique grandiloquent (des tentatives récentes de réhabilitation ont largement confirmé ces tendances à une peu inventive boursouflure). Les relations de Beethoven avec Salieri sont bonnes, peut-être parce que le musicien de cour, intrigant et jaloux de son pouvoir, ne voit pas dans le jeune virtuose du piano un rival possible dans le domaine de l'opéra. L'avenir lui donnera raison : Beethoven n'a pas pour le théâtre et l'opéra « à l'italienne » les dons éclatants d'un Mozart. Reproche-t-il à l'opéra sa futilité, son artificialité ? Il s'y essaiera dix ans plus tard, pourtant : ce sera la longue épreuve de *Fidelio*, unique tentative.

Pour l'heure, en cette année 1794, il ne passe pas tout son temps en leçons : il compose. Trois sonates pour piano, dédiées à Haydn, sans doute par diplomatie. En les entendant à son retour de Londres, en 1795, chez le prince Lichnowsky, Haydn aurait dit à Beethoven « qu'il ne manquait pas de talent, mais qu'il lui fallait encore s'instruire ».

De pressants besoins commencent à se faire sentir. À Bonn, la situation est mauvaise. La guerre menace les marches de l'empire. En juin, les Autrichiens sont vaincus à Fleurus par l'armée de Sambre-et-Meuse. En octobre, la rive gauche du Rhin est occupée par les colonnes de Marceau et Kléber. L'électeur Maximilien Franz, avant de s'enfuir, n'a eu d'autre choix que de congédier les artistes à son service et de fermer son théâtre : Beethoven n'a plus de revenus fixes.

Comment vivre ? Il est désormais sans maître, libre — et l'un des premiers artistes à jouir de cette liberté. Il pourrait à nouveau entrer au service de l'un de ces princes mécènes disposant d'un musicien à leur dévotion : il s'y refuse. Même chez Lichnowsky, qui le traite avec tous les égards, qui cherche par tous les moyens à se l'attacher, il se montre un hôte indépendant, refusant même de dîner chaque soir chez le prince parce que l'horaire ne lui convient pas ! Ami si l'on veut, valet jamais plus.

Il donne des leçons, bien que ce travail lui répugne. Il ne manque pas, pour se désennuyer, de s'amouracher de ses jeunes élèves, si elles sont jolies. Lorchen ne semble plus guère habiter ses pensées. Et il songe à tirer quelque argent de ses premières compositions en les faisant publier. Cette quête des éditeurs, c'est l'une des occupations majeures des premières années de sa carrière : il y consacre du temps, de l'énergie, mettant même ses frères à contribution quand ils le rejoindront à Vienne... Il cherche des contacts à Vienne, mais aussi à Prague, à Berlin et même à Bonn, où son ami Simrock vient de fonder sa maison d'éditions musicales. C'est l'occasion d'une lettre fort intéressante, datée d'août 1794, où il donne son sentiment sur la situation à Vienne :

Ici, il fait très chaud, les Viennois sont inquiets, ils ne pourront bientôt plus trouver de glace, car l'hiver a été si peu froid que la glace est rare. Ici, on a emprisonné plusieurs personnalités ; on dit qu'une révolution va éclater — mais je crois qu'aussi longtemps que l'Autrichien aura de la bière brune et des saucisses, il ne se révoltera pas. Bref, les portes des faubourgs doivent être fermées le soir à dix heures. Les soldats ont leurs armes chargées. On n'ose pas parler trop ici, autrement la police vous trouve un logis[11].

Quant à retourner à Bonn, il n'en est plus question. Qu'y ferait-il ? Vienne lui offre la promesse d'une carrière de premier plan, au cœur de l'empire. Et si la révolution éclate quand même, il saura bien écrire la musique des temps nouveaux. D'ailleurs, en octobre, c'est Wegeler lui-même qui arrive à Vienne. Dans Bonn occupée par les Français, la situation devenait difficile.

Beethoven est un pianiste reconnu, admiré, redouté de ses confrères, capable d'enthousiasmer et d'émouvoir les salons où il se produit, et qui font les réputations. Quelquefois, après avoir fait monter les larmes aux yeux de ses auditeurs, il se lève, part d'un grand éclat de rire, et lance en refermant bruyamment le couvercle du piano : « Vous êtes tous des fous ! » Mais jamais encore il ne s'est produit en public dans une salle de concerts.

Ses débuts ont lieu fin mars 1795, au cours de trois concerts successifs donnés au Burgtheater. Il y joue un concerto de Mozart, improvise, et surtout, dit une note de la *Wiener Zeitung*, il recueille « l'approbation unanime du public dans un concerto tout nouveau pour pianoforte composé par lui-même[12] ».

Ce concerto, c'est celui en si bémol majeur op. 19, qui porte aujourd'hui le numéro 2, un concerto qu'il ne donnera pas pour un de ses meilleurs ouvrages, confiera-t-il cinq ans plus tard. Il l'a fini à la hâte, pressé par le temps l'avant-veille du concert, malade, en proie à des désordres intestinaux, remplissant furieusement des portées qu'il passait au fur et à mesure à des copistes, et la partie pour le piano n'était pas écrite : elle le sera plus tard, pour publication. Le concerto, c'est le morceau de roi du soliste : il peut improviser, briller de tous ses feux dans la cadence, et garder pour lui seul cette part de son œuvre, façon de la protéger et de ne la déflorer qu'au concert. Seule l'édition, plus tard, fixera l'œuvre pour toujours et pour les pianistes de l'avenir.

Ce concert est un grand succès, premier pas d'une marche que Ludwig voudrait triomphale. Peu après, en mai, il donne à l'éditeur Artaria trois trios, ceux de l'opus 1. Un témoignage précieux, bien que de seconde main car son auteur n'était pas à Vienne à l'époque, nous est parvenu de cette soirée, celui de Ferdinand Ries, futur élève de Beethoven, et futur auteur avec Franz-Gerhard Wegeler de leur livre de rencontres avec Ludwig van Beethoven, intitulé *Notices biographiques*, dans lequel nous pouvons lire ceci :

La plupart des artistes et des amateurs de Vienne avaient été invités, et particulièrement Haydn, sur le jugement duquel tout se réglait. Les trios furent joués et firent sur-le-champ une impression extraordinaire. Haydn lui-même en convint, mais il conseilla à Beethoven de ne pas publier le troisième trio en ut mineur. Cela étonna Beethoven car il regardait ce trio comme le meilleur des trois ; c'est ainsi également qu'on le regarde encore aujourd'hui le plus souvent ; c'est celui qui produit le plus d'effet. Aussi ce langage de Haydn fit sur Beethoven une mauvaise impression et lui laissa cette idée que Haydn était envieux, jaloux, et ne lui voulait pas de bien[13].

Des relations décidément peu sereines, entre ces deux géants de la musique. Malgré l'admiration, le respect, l'affection. En 1801, les deux hommes se croisent. Beethoven a entendu *La Création*, l'un des derniers chefs-d'œuvre de son vieux maître, et celui-ci le ballet de Beethoven, *Les Créatures de Prométhée*.

« J'ai entendu votre ballet hier soir, dit Haydn, il m'a beaucoup plu.

— Ô cher papa, répond Beethoven, vous êtes bien bon mais ce n'est pas une *Création*, il s'en faut de beaucoup.

Et Haydn, prenant le temps de la réflexion :

— C'est vrai, ce n'est pas une *Création*, et je croirais difficilement que vous parveniez à faire celle-ci, car vous êtes un athée[14]. »

Amours, amitiés...

Cependant, l'« athée », « le Grand Mogol », fait un beau chemin dans la haute société viennoise. Il prend même des cours de danse afin d'avoir l'air moins emprunté dans les soirées. Mais s'il se police un peu, il ne perd rien de ses manières rustiques et de son mauvais caractère. « J'ai vu la mère de la princesse Lichnowsky, la vieille comtesse Thun, se mettre à genoux devant lui, allongé sur un sofa, pour le prier de jouer quelque chose[1] », raconte Mme von Bernhard. Il est adulé et ne boude pas le plaisir de cette satisfaction narcissique. Même ses mauvaises manières contribuent à forger sa légende : pourquoi s'en priver ?

Ses colères ne sont pas feintes, pourtant : en réalité, il déteste jouer en public quand il éprouve le sentiment de n'être qu'une des attractions de la soirée, et qu'on le traite sur le mode du « vous allez bien nous jouer quelque chose ». Sa fierté renâcle, la haute idée qu'il se fait de son art se révolte s'il ne doit servir que d'ornement et de distraction. Il lui arrive de se lever rageusement, de fermer le piano, de sortir en bougonnant de la pièce quand le public se montre inattentif ou bavard. Beethoven n'est pas un fond sonore !

Il s'affiche à l'opéra avec de charmantes personnes. La liste serait longue des jeunes femmes auprès desquelles il mène une cour empressée. Ses attirances féminines sont brèves et changeantes. Probablement platoniques si elles ont pour objet des jeunes filles de la bonne société. Mais il y a aussi les servantes et les dames moins farouches. « À Vienne, écrit Wegeler, témoin fiable de la vie de son ami, aussi longtemps du moins que j'y ai vécu, Beethoven était toujours en liaisons amoureuses, et avait pendant ce temps fait des conquêtes qui auraient été fort difficiles, sinon impossibles, à plus d'un Adonis[2]. » Il aime par foucades, par toquades, peut-être plusieurs femmes en même temps, ce qui n'est pas une idiosyncrasie masculine si rare.

Et puis il y a cette énigme, qui n'en est plus une tant les recoupements d'informations et le travail des biographes ont été assidus depuis plus d'un siècle, concernant sa santé. Dès sa jeunesse, il souffre de maux divers, avant même le grand drame de la surdité : la variole contractée dans son enfance lui a laissé, outre un visage profondément marqué, une faiblesse ophtalmique. Il est fréquemment sujet à des crises d'entérite. Sa double hérédité, alcoolisme paternel et tuberculose maternelle, ne contribue guère à lui assurer une santé rayonnante. Et il est aujourd'hui plus que probable qu'un autre mal, à Vienne, s'est ajouté à ses désagréments : la syphilis, dont Ludwig aurait été contaminé dans les premiers mois de son séjour. Tout au long du XIXe siècle et même au-delà, les biographes, épouvantés par cette scabreuse circonstance dans la vie du dieu de la musique occidentale[3], ont usé d'infinies précautions pour évoquer ce mal (sans parler du consternant Schindler qui détruisit nombre de documents, dont une grande partie des *Cahiers de conversation*, pour ne rien laisser transparaître des vicissitudes humaines trop humaines de son héros. Ce crime nous prive d'informations essentielles sur le développement de la pensée de Beethoven et sur sa vie intime).

Ces relations capricieuses, sinon velléitaires, avec les femmes ne sont pas beaucoup plus apaisées avec le cercle d'amis que Beethoven compte à Vienne. Même Wegeler, le plus cher et le plus proche, doit subir parfois des sautes d'humeur violentes que Ludwig l'éruptif regrette aussitôt. Après une dispute dont le motif nous est inconnu, il écrit à Wegeler une lettre suppliante où il se justifie et demande son pardon : aucune méchanceté préméditée dans son attitude, assure-t-il : « J'ai pourtant toujours été bon, et j'ai toujours tâché d'être droit et honnête dans mes actions, comment aurais-tu pu m'aimer autrement ? Aurais-je donc aujourd'hui en si peu de temps changé tout d'un coup si terriblement, et tellement à mon désavantage — impossible, ces sentiments du grand, du bon, auraient tous tout d'un coup été éteints en moi[4] ? » Il y a chez lui une sorte de dédoublement qui se manifeste par crises, une violence redoutée, difficile à contrôler, probablement enfouie dans les souvenirs de l'enfance et l'imitation inconsciente du père. Mais cette violence se concentre aussi dans les projets créateurs, dans la volonté de transformer en or cette boue de l'enfance, de lui donner la forme d'un message universel d'amour et de fraternité.

À l'automne 1795, ses deux frères Karl et Johann, désormais sans ressources à Bonn, débarquent à Vienne. Cette charge nouvelle n'est pas une aubaine pour Ludwig. Il aime ses frères mais, le plus souvent, ils l'exaspèrent, et ils seront pour lui un souci constant. Karl, le second, « petit, cheveux rouges, laid », selon un témoin, a suivi à Bonn des études musicales sans atteindre, même de loin, au talent de son frère. Quant à Johann, le cadet, il est décrit comme « grand, brun, bel homme et parfois dandy[5] ». « Un peu bête mais d'un bon naturel[6] », ajoute une dame Karth, qui connut bien les trois frères. Bête, sans aucun doute. Quant au « bon naturel », il est permis d'en douter.

Beaucoup d'encre a coulé sur ces deux personnages dont on a fait d'odieux parasites, des sangsues accrochées à leur génie de frère. La réalité est moins dramatique, et plus médiocre — comme eux. À Vienne, Karl poursuit ses études musicales et s'occupe des affaires de son frère aîné. C'est-à-dire qu'il joue le rôle d'un secrétaire et vaguement d'imprésario. Il en profite pour vendre les œuvres de Ludwig, parfois à son insu, à plusieurs éditeurs en même temps. Karl et Johann ont la fâcheuse manie de piller les fonds de tiroir et de céder contre argent des œuvres que Beethoven ne voulait pas publier, les jugeant indignes de son talent. Il n'est pas rare que les disputes entre Ludwig et Karl s'achèvent en pugilat, notamment un jour où Karl entendit vendre à un éditeur de Leipzig les trois sonates pour piano de l'opus 31 (qui comprend ce chef-d'œuvre, la sonate en ré mineur intitulée *La Tempête*) que Ludwig avait promises à un éditeur de Zurich. Ainsi vont les liens familiaux chez les Beethoven : à fleur de peau, violents, et pourtant indéfectibles, jusqu'à la fameuse affaire du neveu Karl, bien des années plus tard.

Pour l'heure, c'est aux sonates pour piano de l'opus 2, dédiées à Haydn, que Beethoven se consacre en cette année 1795. Elles sont déjà si singulières, si « beethovéniennes » dans le style, qu'il est temps de s'interroger sur la manière propre au compositeur, déjà perceptible, sur cette puissance et ce dynamisme, largement inspirés et conditionnés par ses talents d'improvisateur, l'improvisation relevant aussi bien de la performance musicale que du jeu de société, sinon de la compétition. À Vienne, dans ces joutes où le pianiste doit se mesurer aux nouveaux arrivants et relever tous les défis, comme un champion, c'est Beethoven le champion, comme le racontent plaisamment Brigitte et Jean Massin :

Le XVIIIe siècle était friand de ces duels où sont opposés des exécutants rivaux ; chaque année un nouveau champion arrivait à Vienne, et toute la haute société s'écrasait pour le voir se mesurer avec le héros de la veille ; ainsi Beethoven, nouvel arrivé, s'était mesuré avec Gelinek. Maintenant c'est lui, pour ainsi dire, le tenant du titre ; en 1797, on lui opposait Steibelt ; en 1798, c'est Joseph Wölfl ; les années suivantes, ce sont Cramer, Clementi, Hummel aussi. Sur chacun de ces duels nous avons une moisson d'anecdotes mais elles se ramènent toutes au même schéma : a) « l'autre » (dont le nom seul varie) joue avec une perfection, une pureté, une délicatesse invariablement dignes de Mozart ; b) Beethoven est de mauvaise humeur ; il se met au piano, tape sur les touches comme une brute, se met à improviser, fait pleurer tout le monde et met son rival en capilotade. Il en fut ainsi avec Wölfl, mais ce fut peut-être celui qui se défendit le mieux. Il faut dire aussi qu'il avait de si grandes mains qu'il pouvait embrasser treize touches[7] !

Un témoin de l'époque, Junker, musicien amateur et compositeur, livre ses impressions en 1791, à la *Musikalische Korrespondenz* :

J'ai aussi entendu l'un des plus grands pianistes, le cher, le bon Bethofen (*sic*). [...] La grandeur de cet homme aimable et sans souci, comme virtuose, peut être à mon sens assurée par l'infatigable richesse de ses idées, le style général caractéristique de l'expression, lorsqu'il joue, et la grande habileté de son exécution. Je ne sais rien qui lui fasse défaut de ce qui mène un artiste à la grandeur. J'ai entendu Vogler [...] souvent pendant plus d'une heure et n'ai jamais manqué de m'émerveiller de son jeu étonnant ; mais Bethofen, en sus de l'exécution, a plus de clarté et de poids dans les idées et plus d'expression, bref il parle plus au cœur, aussi grand dans ce fait dans l'adagio que dans l'allegro. Sa manière de traiter l'instrument est tellement différente de celle adoptée d'ordinaire, qu'elle suggère l'idée que, par un chemin de son invention, il a atteint le sommet d'excellence où il est présentement.

« Un chemin de son invention ». Il éclate littéralement dans ses trois premières sonates de l'opus

2, où l'on n'a jamais entendu l'instrument traité avec une telle vigueur, une telle intensité — une étrangeté, sans doute déconcertante pour les premiers auditeurs. « Ce n'est pas seulement la direction qui tend vers l'idéal, note Wasielewski, l'intensité d'expression, mais aussi la prédominance d'idiotismes tout à fait caractéristiques, engendrés par l'originale sensibilité de Beethoven. Par exemple les croisements rythmiques, les suites de syncopes, les accentuations fortes des temps faibles de la mesure, et l'opiniâtre répétition de certaines phrases, comme dans la coda du scherzo de la *Sonate en ut mineur* n° 3, avec son motif de tête[8]. » Jamais, de fait, le piano n'a été utilisé avec une telle ampleur quasi orchestrale, où la main gauche dépasse son rôle d'accompagnement ou d'élément contrapuntique pour assumer une fonction autonome, comme une partie d'orchestre. Toute sa vie, répétons-le, Beethoven attendra le piano du futur, tarabustant les fabricants pour qu'ils lui conçoivent un instrument à sa mesure. Avec ses œuvres il sait qu'il emprunte déjà des voies que personne n'a explorées avant lui, et que c'est par ce seul moyen qu'il trouvera son salut artistique. Comment aller plus loin, plus haut que Mozart, dans le langage de Mozart ? C'est impossible. En entendant une exécution du *Concerto* K. 491, le vingt-quatrième, Beethoven dit un jour à Cramer : « Cramer ! Cramer ! On ne sera jamais en mesure d'en faire autant[9] ».

Il faut donc faire autre chose, autrement, affirmer sa personnalité, hausser le ton, faire du musicien des temps nouveaux non plus un valet, mais un héros.

Il arrive que la jubilation du virtuose se traduise dans des œuvres de circonstance, mais absolument irrésistibles. C'est probablement de cette époque, 1795, que date un extraordinaire rondo, qu'on appelle *Le Sou perdu*, ou *Colère à propos d'un sou perdu*. Aujourd'hui encore, cette pièce humoristique, publiée après la mort de Beethoven, assure le triomphe des pianistes qui la jouent en concert.

Beethoven a des amis à Vienne. Mais qui sont ses rivaux ? Pour la virtuosité pianistique, la cause est entendue : personne. Mais pour la composition ? Il n'est certes pas, à Vienne, le seul candidat à la succession de Mozart, bientôt à celle d'un Haydn vieillissant, que Ludwig surveille du coin de l'œil en rêvant de surpasser sa gloire. Un pianiste anglais d'origine italienne, Muzio Clementi, incontestable virtuose et habile compositeur, semble un temps susceptible de lui faire de l'ombre. Les deux hommes se croisent quelquefois, se saluent sans se parler. Luigi Cherubini peut aussi lui causer quelque inquiétude, un peu plus tard, par l'inspiration symphonique, souvent tonitruante, de ses opéras. Quant à ses confrères directs, ceux qu'il fréquente, comme son ami Reicha, ils ne peuvent guère rivaliser avec cette force en marche qui sent proche l'heure de la reconnaissance. C'est sans trop d'angoisse qu'il peut, au début de l'année 1796, entreprendre un voyage conquérant vers d'autres villes européennes.

Ce voyage commence par Prague. Puis ce sera Dresde, Leipzig, Berlin : une tournée de concerts, comme on dit aujourd'hui, qui va se révéler triomphale. La réputation de Ludwig van Beethoven comme virtuose du piano l'a précédé dans ces villes : il est une star. Son voyage est prévu pour quelques semaines ; il durera six mois.

Une star : le mot n'est pas trop fort si l'on accepte l'anachronisme sémantique : sa façon de jouer du piano, qui s'accorde avec la sensibilité tumultueuse d'un temps prompt aux emportements des passions, démode la manière ancienne. C'est cela qu'on attendait. On vient voir le phénomène, prêt à toutes les émotions, à tous les sanglots. On ne hurle pas encore, mais c'est parce qu'on se retient. Beethoven au piano, toutes proportions gardées et les amplis en moins, c'est Jerry Lee Lewis et sa fureur, Elvis Presley et ses déhanchements, les Beatles à l'Olympia : un ouragan. En l'entendant jouer, la vieille garde musicale regimbe : un correspondant courageusement anonyme du *Journal patriotique des États impériaux et royaux* daté d'octobre 1796 reproche à « l'idole d'un certain public, ce van Beethoven trop tôt admiré », de « négliger tout chant, toute égalité dans le jeu, toute délicatesse et toute clarté, de ne surprendre que par l'originalité sans en avoir (*sic*), et de tout surcharger et exagérer dans le jeu et la composition. Il saisit nos oreilles, non pas nos cœurs ». Il est vrai qu'une telle puissance peut déconcerter les grincheux du conservatisme et les tenants du « c'était mieux avant » : dans ces compositions, l'enthousiasme dionysiaque du virtuose se traduit par une innovation importante, déjà initiée par Haydn, mais comme portée au rouge par un tempérament explosif : Beethoven substitue au menuet, forme élégante et quelque peu surannée des danses de cour, le scherzo (« plaisanterie » en italien), danse populaire où éclate la puissance rythmique, comme une pulsation primitive. Cette forme, il en épuisera les possibilités jusque dans ses dernières œuvres, la sonate *Hammerklavier*, ou l'obsessionnel et fabuleux deuxième mouvement de la *Neuvième Symphonie*...

À Prague, il est accompagné par Lichnowsky qui le chaperonne et lui ouvre les portes de la haute société. Cette ville merveilleuse, l'une des plus belles au monde et des plus mélomanes, a assuré le triomphe de Mozart une dizaine d'années auparavant : *Les Noces de Figaro*, *Don Giovanni*, *La Clémence de Titus* ont trouvé dans la capitale de la Bohême un public enthousiaste, beaucoup plus qu'à Vienne. Beethoven met ses pas dans ceux de Mozart. Il loge dans la même auberge que lui, *La Licorne d'or*, peut-être dans la même chambre. Le 19 février, il écrit une lettre enthousiaste à son frère Johann : « D'abord je vais bien, très bien. Mon art me gagne amis et renommée, que désirer de plus ? Et cette fois, je vais gagner pas mal d'argent[10]. »

À Prague, où il reste jusqu'en avril 1796, Beethoven compose un important air de concert sur un texte de Metastasio, *Ah, Perfido*, pour soprano et orchestre, dédié à la comtesse Joséphine Clary, mais écrit en réalité pour une jeune chanteuse, Josepha Dussek, l'une de ses plus belles réussites pour la voix... L'ambiance accueillante de la ville lui inspire aussi un *Sextuor pour instruments à vent* (op. 71) et la charmante *Sonate en sol mineur* (op. 49, n° 2).

À Leipzig, il salue la mémoire de Jean-Sébastien Bach, à Dresde, il joue devant l'Électeur de Saxe. Berlin est la dernière étape de ce voyage couronné de succès : les invitations se multipliant, il y reste plus longtemps que prévu, jusqu'en juillet. Peut-être ses derniers mois de véritable insouciance : il compose, pour le violoncelliste français Jean-Louis Duport, deux de ses belles sonates pour violoncelle et piano. Il trouve aussi le moyen de se brouiller passagèrement avec le compositeur Friedrich Himmel. Ce dernier lui ayant demandé d'improviser devant lui, Beethoven s'exécute et demande en retour à Himmel de lui rendre la politesse :

Himmel fut assez faible pour y consentir, mais après qu'il eut joué pendant un temps passablement long, Beethoven lui dit : « Eh bien ! Quand commencerez-vous pour de bon[11] ? »

S'ensuivent quelques échanges désobligeants. « Je croyais vraiment que Himmel n'avait fait que préluder un peu[12] », raconte Beethoven à son élève, en riant beaucoup. Les deux hommes se réconcilient. Mais, quelques mois plus tard, Himmel écrit à Beethoven qu'on a découvert à Berlin une lanterne pour les aveugles. Ludwig demande aussitôt des précisions, avant de s'apercevoir que Himmel s'est moqué de lui.

Insouciance, oui. Un peu d'ivresse aussi, l'ivresse du conquérant qui pense que rien ne lui résistera. Ses œuvres sont publiées, ses concerts ont attiré les foules. Mais, au retour de Berlin, il connaît les premières alertes de la catastrophe à venir.

Les années de crise

Pendant l'été 1796, Beethoven tombe malade. Un jour de chaleur, il rentre chez lui, se déshabille et se met à la fenêtre pour se rafraîchir. Il est coutumier de ces imprudences et n'a jamais ménagé son physique vigoureux à la musculature puissante, usant même de méthodes parfois expéditives. Gerhard von Breuning rapporte ainsi :

Quand il était resté longtemps assis à composer à sa table et qu'il se sentait la tête échauffée, il avait toujours eu l'habitude de courir à sa toilette et de jeter des brocs d'eau sur sa tête en feu ; après s'être ainsi rafraîchi et ne s'être séché que rapidement, il se remettait au travail ou faisait une promenade au grand air. [...] l'eau dont il avait inondé sa tête sans s'y arrêter dégoulinait sur le plancher en telle quantité qu'elle y pénétrait et transperçait le plafond des locataires du dessous[1].

C'est peut-être à la suite de ce refroidissement que se manifestent les premiers signes de la surdité, mais rien ne prouve qu'il en est la cause. À propos de cette affection naissante, puis de plus en plus grave jusqu'à aboutir, autour de 1818, à une surdité totale, bien des hypothèses ont été émises. Otite sèche ? Dysfonctionnement lié à ses faiblesses intestinales, comme le pense son ami médecin Wegeler ? Le corps de Beethoven est un mélange singulier de santé défaillante et de robustesse, tout comme dans son esprit s'opposent déséquilibre affectif, mélancolie et énergie indomptable employée à élaborer des architectures musicales rigoureuses et grandioses. Sa puissance de travail a toujours été hors du commun. Depuis l'âge de quatorze ou quinze ans, il n'a guère passé de jours sans écrire de la musique. En dehors des œuvres officiellement répertoriées, le catalogue des compositions datant de sa prime jeunesse, ce catalogue bis des œuvres sans opus (WoO, « *Werke ohne opus* ») se chiffre à environ cent cinquante numéros : pièces mineures, ébauches, essais, esquisses, mais aussi des œuvres déjà accomplies, en particulier des variations pour piano. Longue conquête de la maîtrise de son art. Loin d'arrêter cet élan, la surdité va le galvaniser. « Courage ! écrit-il au début de l'année 1797. Malgré toutes les défaillances du corps, mon génie doit triompher. Voilà mes vingt-cinq ans, il faut que cette année révèle l'homme achevé. Il ne doit plus rien rester à faire[2]. »

Il se croit toujours de deux ans plus jeune que son âge réel. La confusion durera jusqu'en 1810 !

Longtemps, il garda secrète la vérité sur ses troubles auditifs. Loin des légendes et des hagiographies, c'est là qu'il faut chercher l'héroïsme de Beethoven, cette volonté de vivre et de créer malgré la souffrance et l'angoisse d'une surdité croissante. Un héroïsme à hauteur d'homme.

Le 29 juin 1801, soit quatre ans après les premières alertes, il écrit à Wegeler que « ses oreilles continuent à bourdonner et à mugir jour et nuit ». Et il poursuit :

Je peux dire que je mène une vie misérable. Presque depuis deux ans j'évite toute société, car je ne peux pas dire aux gens : je suis sourd. Si j'avais n'importe quel autre métier, ce serait encore possible ; mais dans le mien, c'est une situation terrible. Et avec cela, mes ennemis, qui ne sont pas en petit nombre, que diraient-ils ? — pour te donner une idée de cette étrange surdité, je te dirai qu'au théâtre je dois me mettre auprès de l'orchestre pour comprendre les acteurs. Je n'entends pas les sons élevés des instruments et des voix quand je me place un peu loin[3].

Dans les conversations, on met ses réponses évasives, ou ses absences de réponse, sur le dos de la distraction ou de la désinvolture…

En 1797, la surdité naissante n'est encore qu'une gêne, et une source d'angoisse. Son remède : le travail. La production de ces années est soutenue : trois sonates pour piano, celles de l'opus 10, « ce qu'il a écrit de meilleur jusque-là[4] », dit-il ; les trois trios à cordes de l'opus 1, trois sonates pour violon et piano ; un concerto pour piano et orchestre en ut majeur, qui porte aujourd'hui le numéro 1, probablement écrit vers 1794-1795, mais corrigé plus tard en vue de la publication.

Les sonates, comme du reste toute sa musique de chambre, sont un précieux révélateur de l'évolution de Beethoven tout au long de sa vie créatrice. Ce sera vrai également du quatuor à cordes, genre pour lequel il donnera quelques-unes de ses œuvres les plus profondes, les plus novatrices. Les sonates pour piano de l'opus 10 sont des compositions étonnantes — la troisième en particulier que l'on connaît comme la n° 7 sur les trente-deux qu'il composa : profondeur méditative du mouvement lent, qui traduit un état d'intense mélancolie, comme une opposition de l'ombre et de la lumière. Beaucoup y ont décrypté l'angoisse des premières atteintes de la surdité. Beethoven lui-même, à son biographe Schindler qui lui demandait le sens de ce mouvement, aurait dit : « Lisez *La Tempête* de Shakespeare. »

Mais l'œuvre la plus marquante, la plus célèbre de cette période, c'est la *Sonate pathétique*, dédiée au prince Lichnowsky, où s'exprime de façon plus marquée encore cette opposition, ce dualisme qui se développe dans la pensée musicale du Beethoven de ces années-là. Dans cette *Sonate pathétique*, note Vincent d'Indy de façon très éclairante bien qu'un peu cliché, « à mesure que les deux idées exposées et développées dans les pièces de forme sonate se perfectionnent, on constate en effet qu'elles se comportent vraiment comme des êtres vivants, soumis aux lois fatales de l'humanité : sympathie ou antipathie, attirance ou répulsion, amour ou haine et, dans ce perpétuel conflit, image de ceux de la vie, chacune des deux idées offre des qualités comparables à celles qui furent de tout temps attribuées respectivement à l'homme et à la femme[5] ». C'est ainsi, ajoutera-t-on, que dans le premier mouvement de la *Sonate pathétique* s'opposent deux idées, deux sensibilités, deux univers : le masculin, brutal, puissamment rythmé ; le féminin, élégant, souple, délicatement mélodique.

Telle est l'évolution de l'expression musicale de Beethoven avant sa trentième année. Et, sur le plan formel, les innovations qu'il impose avec de plus en plus d'autorité, si elles choquent les conservateurs, le confortent dans sa démarche. « Cela va bien pour moi, et je peux dire de mieux en mieux[6] », écrit-il à Wegeler le 29 mai 1797.

Il est vrai aussi que de nouvelles amours occupent son esprit. Wegeler engage auprès de Lorchen une cour assidue qui se conclura par un mariage, et Beethoven donne sa bénédiction. De son côté, il s'éprend d'une de ses élèves, Anna Luisa Barbara von Keglevics, dite Babette, à qui il dédie sa fameuse *Sonate n° 7*, les variations de l'opus 32, en attendant son premier concerto pour piano. Il y aurait eu entre eux des « sentiments partagés » et Beethoven lui donnait, dit-on, des leçons en robe de chambre. Quelques mois après, c'est pour une jeune Italienne, Christine Guardi, que le cœur d'artichaut de Ludwig se met à battre : celle-là, fille d'un fonctionnaire toscan, est une artiste, bonne chanteuse, poétesse à ses heures, qui tiendra le rôle d'Ève dans *La Création* de Haydn. Encore deux amours pour rien ? En 1801, Babette épouse un prince. Christine, quant à elle, se marie l'année suivante avec le Dr Franck, fils d'un médecin ami de Beethoven !

Instable, velléitaire en amour, indifférent aux détails matériels du quotidien. Une seule chose lui importe, la gloire. Il voudrait trouver un éditeur qui lui verse une rente fixe pour n'avoir à s'occuper de rien, et surtout ne pas perdre son temps en démarches épuisantes et en disputes avec ses frères. Quiconque met son génie en doute est congédié violemment :

Avec des hommes qui n'ont ni foi ni estime de moi, juste parce que je ne suis pas encore universellement célébré par la renommée, je ne peux avoir aucun rapport[7].

Sa surdité naissante lui fait honte. Il se replie sur lui-même. Est-ce pour cela qu'il laisse ses amours en souffrance ? La vérité, c'est que son mode de vie, ses sautes d'humeur, peut-être les séquelles d'une maladie inavouée, l'obsession dévorante de sa réussite artistique, le rendent moins que jamais apte au mariage. Peut-être aussi le souvenir du couple que formaient ses parents, de sa mère souffrant en silence, ne lui donne-t-il pas une image radieuse des liens matrimoniaux...

Il ne se désintéresse pas de la politique. En février et mars 1798, le bref séjour à Vienne du général Bernadotte, ambassadeur de la jeune République française, rassemble pour un temps les amis de la Révolution. Beethoven fréquente les salons de l'ambassade où il rencontre le violoniste Kreutzer, à qui il dédiera sa fameuse sonate.

Bernadotte, général jacobin, ci-devant sans-culotte, est un fervent admirateur de Bonaparte, emblème du héros révolutionnaire. Des témoins, cités par Schindler, lui attribuent l'idée d'une symphonie à la gloire du grand homme, que Beethoven se chargerait de composer. C'est après tout Bonaparte qui a imposé la paix à l'Autriche en octobre 1797. Il est aussi le glorieux vainqueur de la campagne d'Italie. À ce moment, on peut encore penser qu'il réalise, par ses victoires militaires, les idéaux de la Révolution, et non qu'il profite des événements pour se tailler son empire.

En réalité, le projet de cette symphonie va germer lentement dans l'esprit de Beethoven, et il est fort probable que Schindler, à son habitude, arrange les faits selon sa convenance. À cette époque, Bonaparte n'est pas encore Premier consul, c'est un chef militaire de génie dont l'autorité et le pouvoir s'affirment peu à peu. Mais il est certain que Beethoven, exaspéré par l'atmosphère policière qui règne à Vienne, est de plus en plus acquis aux idées de la Révolution.

Bernadotte quitte Vienne très vite. On a arraché le drapeau tricolore de l'ambassade de France. « On » ? Des agents de l'empereur ? Des gens du peuple, de la « canaille » poussée par des « émigrés » français qui ont trouvé refuge auprès de l'aristocratie européenne en fuyant la Révolution ? Bernadotte demande des excuses. N'en recevant point, il s'en va.

Que sera l'avenir si l'état de son ouïe continue d'empirer ? Il est saisi d'angoisses vertigineuses qui s'expriment en colère contre ses proches, mais aussi en plaisanteries et facéties où éclate son tempérament pour le moins déséquilibré. Les billets qu'il adresse à ses amis soufflent le chaud et le froid, parfois odieux, parfois empreints d'un humour sauvage — « hénaurme », eût dit Flaubert —, signe d'une vitalité irrépressible. Il se fâche, se rabiboche, se moque, proteste de son amitié et de sa tendresse. Tous en font les frais : Zmeskall, le compositeur Hummel, son rival et ami. Un jour, c'est un « foutu chien », le lendemain il lui « fait une bise[8] ».

C'est peut-être en raison de ce caractère volcanique mal maîtrisé qu'il se lie d'amitié, au retour de son deuxième voyage à Prague où il a joué triomphalement ses deux premiers concertos, avec un homme qui semble être tout son contraire. Il s'appelle Karl-Ferdinand Amenda. Né en 1771, il a fait des études de théologie. Il deviendra pasteur en Courlande, ce pays fascinant de forêts, de lacs, de châteaux mystérieux, cette terre oubliée des confins de la Baltique, mais pour l'heure le démon de la musique l'a attiré à Vienne où il vit d'expédients : lecteur chez le prince Lobkowitz, et professeur de musique des enfants de Mozart, car il est un excellent violoniste. Depuis son arrivée à Vienne, il ne rêve que de rencontrer Beethoven. C'est chose faite un soir, chez Lobkowitz, où Amenda joue du violon dans un quatuor. Beethoven lui fait savoir qu'il attend sa visite « pour faire de la musique avec lui[9] ». Amenda y court un soir, et tels

Bouvard et Pécuchet, ils se raccompagnent mutuellement l'un chez l'autre jusqu'à une heure avancée de la nuit.

Liaison amoureuse, ont dit de bonnes âmes. Coup de foudre de l'amitié, affirment d'autres, sans doute plus clairvoyants*. Beethoven est coutumier de ces engouements, souvent brefs. Émil Ludwig, l'un de ses biographes, ira jusqu'à évoquer l'image d'un Beethoven entouré de mignons, d'Alcibiades :

> Beethoven eut l'étrange habitude, entre sa vingtième et sa cinquantième année, de s'entourer de jeunes gens, souvent des dilettantes, des aventuriers errants et douteux, qui étaient toujours très beaux et plus jeunes que lui. Il se liait facilement avec eux et les abandonnait généralement aussi vite. Le tendre Amenda, qui avait quelque chose de saint Jean, ouvre le cortège. Puis vinrent plusieurs jeunes nobles. Beethoven les tutoyait souvent, les accueillait avec enthousiasme, puis les laissait tomber dans l'oubli[10].

Voilà Ludwig dans les habits de Trimalcion. Ou de Socrate, l'un de ses héros. Si ce ne sont pas des preuves… Mais comme, dans le même temps, des amis fiables attestent la fréquence et la richesse de ses relations féminines, ainsi qu'on l'a vu, il semble imprudent de tirer des conclusions hâtives. Ses amitiés masculines, nombreuses, souvent passionnelles, peuvent relever d'une forme de bisexualité, ou n'être que le fait d'un tempérament ardent dans ses affections à une époque où l'amitié, comme tous les sentiments, s'habille volontiers des affres

* Notamment Jean et Brigitte Massin.

de la passion. Au fond, il ne serait pas le premier, après Socrate, Jules César ou Jésus-Christ, à s'être entouré d'une cour de jeunes gens admiratifs, ni même à caresser les deux Vénus.

Il semble qu'en réalité la fréquentation d'Amenda ait été bénéfique pour canaliser les emportements, les angoisses, l'inadaptation fondamentale de Beethoven à la vie quotidienne, ses maladresses, ses désarrois financiers. Un jour qu'il se lamentait de ne pouvoir payer son loyer, Amenda le força à écrire quelques variations, un exercice fort prisé et lucratif, car les amateurs de piano étaient nombreux à Vienne et ce genre de composition se vendait bien.

On a beaucoup dit aussi qu'Amenda avait tenu le rôle, auprès d'un Beethoven gâté par la frivolité de la vie à Vienne, et en délicatesse avec la religion, de directeur de conscience, contribuant à lui redonner gravité, sérieux et profondeur spirituelle, comme s'il en était dépourvu. Certaines des œuvres qui précèdent la rencontre avec Amenda ne plaident guère en faveur de cette thèse, mais les bigots ont toujours eu besoin de nourrir leurs fantasmes d'édification morale. En tout cas l'amitié et l'admiration d'Amenda sont assurément une étape dans la constitution de cette foi inébranlable en lui-même, assortie de la certitude qu'il est le dépositaire d'une mission héroïque, sinon d'un rôle messianique. « Le diable vous emporte, je ne veux rien savoir de toute votre morale, écrit-il à Zmeskall en 1798. La force est la morale des hommes qui se distinguent des autres, et c'est la mienne[11]. »

Beethoven a trouvé en Amenda, pour un temps, une sorte de frère substitutif, ses frères de sang faisant décidément bien mal l'affaire... D'ailleurs, peu après le début de cette amitié, Beethoven demande en mariage Magdalena Willmann, une chanteuse qu'il avait connue à Bonn dans son enfance et qui s'est installée à Vienne en 1794. Il lui fait la cour depuis son arrivée, de loin en loin selon ses manières d'amoureux velléitaire, puis il se déclare sans avoir reçu aucun signe en retour. La réaction de la belle et sans ambiguïté, sinon très charitable : « Beethoven ? Il est trop laid, et à moitié fou[12] ! »

Pour consoler son « cœur déchiré[13] », Beethoven envisage d'accepter un voyage en Pologne, tous frais payés, pour le mois de septembre. Il y renonce finalement. Il songe aussi, sur les conseils d'Amenda, à entreprendre un voyage en Italie où la musique est fêtée, et les musiciens, dit-on, adulés. Mais Amenda ne peut l'accompagner, car il est rappelé en Courlande pour un deuil : autre projet avorté. En attendant, l'ami fidèle quitte Vienne, avec dans ses bagages le manuscrit du premier quatuor de Beethoven.

Ludwig n'a guère l'âme pérégrine. Les voyages sont longs, dangereux en ces temps troublés où la soldatesque rôde sur les routes, pénibles pour des organismes fragilisés — et sa santé ne s'améliore pas.

Et puis, des attraits nouveaux le retiennent à Vienne...

Une nouvelle famille

Ce n'est pas une famille ordinaire : les Brunsvik. Il les rencontre en mai 1799. Vieille lignée aristocratique de Hongrie, de la fortune, des passions intellectuelles et artistiques. Le père, Antoine II, comte de Brunsvik, est mort prématurément en 1793, après avoir élevé ses enfants dans le culte des héros de l'indépendance américaine. Anna, la comtesse, absorbée par la gestion des domaines familiaux, veille de loin sur la fratrie : trois filles, Thérèse, Joséphine et Charlotte, et un garçon, Franz.

Ils sont à Vienne pour un court séjour de trois semaines. La comtesse, femme de caractère et d'autorité, a organisé ce voyage avec en tête le projet de marier ses filles Thérèse et Joséphine, en âge de convoler. Mais il est des rencontres brèves dont naissent des amitiés pour toute une vie. À Bonn, les Breuning ont été pour le jeune Ludwig une seconde famille. À Vienne, les Brunsvik joueront ce rôle. Dès leur arrivée, la comtesse a souhaité rencontrer ce Beethoven, le prodige du piano dont tout le monde parle, pour faire donner des leçons à ses enfants. L'aînée, Thérèse, qui souffre d'une légère disgrâce physique, est passionnée de littérature et de musique. Elle a raconté de façon charmante (et peu modeste) ce séjour à Vienne et la rencontre de la petite bande avec Beethoven, qui se montre assidu aux leçons et les prolonge même avec plaisir : « Nous ne nous apercevions pas de la faim avant cinq heures de l'après-midi[1]. » À l'hôtel qu'ils occupent, les voisins sont furieux car les séances de musique se poursuivent tard dans la nuit, après que l'on a goûté aux plaisirs de Vienne : « Nous étions jeunes, fraîches, enfantines, naïves, ajoute Thérèse. Qui nous voyait nous aimait. Les adorateurs ne manquaient pas[2]. »

Bien entendu, Beethoven tombe amoureux. De laquelle des deux sœurs ? Il leur écrit des variations sur un poème de Goethe, *Ich denke deine* — « Je pense à toi ». Thérèse ? Joséphine ? « Je ne souhaite rien tant que ceci, écrit-il en dédicace : en jouant et en chantant cette petite offrande musicale, souvenez-vous de temps à autre de votre très dévoué : Ludwig van Beethoven[3]. »

Joséphine, dès la fin du mois de juin, épouse en Hongrie le comte Deym, un aristocrate qui se cache sous le pseudonyme roturier de Müller, à la suite d'un duel, et qui tient une galerie d'art. Il a cinquante ans, elle en a vingt. Au demeurant, un honnête homme. Mais le jour du mariage, raconte Thérèse, Joséphine, désespérée, se jette à son cou pour lui demander d'épouser Deym à sa place.

Dans la famille Brunsvik, cette « petite république », comme le dit Thérèse, il y a aussi le frère,

Franz. C'est un jeune homme ardent, passionné de musique et de poésie lui aussi, beaucoup moins de conquêtes féminines, ce qui lui vaut quelques moqueries. Ses sœurs, signale Romain Rolland, le surnommaient « le chevalier glaçon » et faisaient des gorges chaudes de son indifférence au beau sexe. Ce garçon chétif finira par succomber, la quarantaine venue, aux charmes d'une musicienne.

Thérèse reste en Hongrie, à Martonvásár, le domaine familial. À l'automne 1799, Joséphine vient habiter Vienne avec son mari. Beethoven fréquente le couple, sympathise vivement avec Deym-Müller, le mari qui, de son côté, pousse l'amitié jusqu'à lui faire des cadeaux... Si Beethoven a été brièvement amoureux de Joséphine, en cet été 1799, cet amour, une fois encore, n'a été qu'un feu de paille. Mais ils se retrouveront beaucoup plus tard...

Cette fin du siècle est aussi un tournant dans la vie créatrice de Beethoven : la trentaine venue, il ose enfin se lancer dans le genre qui va assurer sa gloire la plus durable, la plus universelle : la symphonie. Il a beaucoup attendu. À trente ans, Mozart avait déjà écrit la plupart des siennes, et à ce moment, papa Haydn en a composé près d'une centaine ! Beethoven s'est-il longtemps senti intimidé par ce genre majeur, pas encore prêt à franchir le pas ? À quoi bon imiter la perfection ? S'il doit s'illustrer dans l'écriture symphonique, il lui faut trouver son propre langage, inventer des formes inédites, faire entendre des sons nouveaux. Il se peut aussi, raison moins noble mais qu'on aurait tort de négliger, que l'écriture d'une symphonie, tâche considérable, ne constitue pas financièrement une bonne affaire. Comme il l'écrit en janvier 1801, au moment de publier cette *Première Symphonie* pour 20 ducats chez Hoffmeister : « Vous vous étonnez que je ne fasse aucune différence entre une sonate, un septuor et une symphonie ? mais il me semble qu'un septuor ou une symphonie trouve moins d'acheteurs qu'une sonate, c'est pourquoi je le fais, bien qu'il me semble qu'une symphonie doive certainement valoir davantage[4]. »

Sa première symphonie, ébauchée dès 1795, abandonnée, reprise, réalise assez largement, malgré sa dette évidente à Mozart et Haydn, l'ambition d'apporter un souffle nouveau à ce genre que ses prédécesseurs ont déjà magnifié. Elle est jouée le 2 avril 1800, au National Hoftheater de Vienne, dans un concert qui comprend aussi une symphonie de Mozart, des extraits de *La Création* de Haydn, un concerto pour piano (sans doute son troisième en ut mineur), un septuor. Les programmes des concerts se doivent d'être abondants. L'affiche promet aussi une improvisation de M. Ludwig van Beethoven.

Beethoven commence son cycle symphonique par un coup de force : dissonances, ruptures de tonalité entre l'adagio initial du premier mouvement et l'allegro qui suit, scansions puissantes de l'orchestre, rythmes énergiques, et une ligne mélodique assez indécidable, la composition privilégiant le dialogue des masses de l'orchestre, avec une large part laissée aux instruments à vent. Bien entendu, cette œuvre fougueuse heurte quelques oreilles. « C'est l'explosion désordonnée de l'outrageante effronterie d'un jeune homme[5] », écrira un critique de Leipzig en 1801. « On ne fait que déchirer bruyamment l'oreille, sans jamais parler au cœur », renchérira, cette fois en France, un article des *Tablettes de Polymnie*, en 1810. Il suffit pourtant de l'écouter, cette symphonie déjà si personnelle, pour y entendre, au-delà des étrangetés d'un tempérament, la voix d'un maître.

Le concert est un succès. Deux semaines plus tard, il est suivi d'un autre où Beethoven joue sa *Sonate pour piano et cor* op. 17 (avec le corniste Punto), une œuvre sans grand relief, écrite à la hâte, mais qui n'est pas de nature à effaroucher les oreilles timides. Nouveau succès, à tel point que les interprètes doivent la bisser entièrement !

Ce triomphe n'est pas sans suite. Le prince Lichnowsky, enthousiasmé, fasciné par Beethoven, décide de le pensionner : 600 florins de rente annuelle. Est-ce la fin de la liberté pour le farouche compositeur ? Plutôt le début d'une relation étrange où le prince est le demandeur et Beethoven une sorte de bourreau bougon qui joue volontiers l'indifférence, sinon le dédain. Lichnowsky rend souvent visite à Beethoven pour le voir travailler. Comment une telle musique peut-elle jaillir d'un cerveau humain ? Ils ont conclu un pacte : que Lichnowsky vienne si cela lui chante, mais qu'il ne s'attende pas à être *reçu*. Le prince entre, Beethoven continue de travailler ; parfois même il ferme sa porte à clé, le prince attend un moment et s'en retourne sans insister : singuliers rapports. Qui est-il ce prince tout à la fois si pressant, si patient, si docile, chez qui Ludwig a logé plusieurs années au début de sa vie à Vienne ? Sa femme, la princesse Christine, excellente pianiste, est pour lui une « seconde mère » — que de familles substitutives ! La propre mère de la princesse, la comtesse Thun, a protégé Gluck, Haydn et Mozart. Lichnowsky lui-même est sincèrement convaincu du génie de Beethoven, et son oisiveté d'aristocrate en fait un ange gardien très présent, un peu trop parfois, assez bienveillant pour supporter les sautes d'humeur du prodige, si dangereuses pour sa carrière et sa réputation.

Au printemps 1800, Beethoven se rend à Martonvásár, en Hongrie, où se trouve le domaine de ses amis Brunsvik. Situé dans le voisinage de Budapest, à deux cent cinquante kilomètres de Vienne, le lieu est magnifique. Le château des Brunsvik, une grande bâtisse blanche entourée d'un parc immense, est un miracle d'équilibre et d'harmonie. Beethoven est charmé, d'autant que deux des membres de la « petite république », Thérèse et Franz, lui font grand accueil. Comme l'année précédente à Vienne, les jeux et les conversations reprennent, entrecoupés de séances de musique. Mais ici, aucun voisin ne manifeste son mécontentement. Une parenthèse enchantée, entre le 18 mai et le 25 juin, au cours de laquelle les enfants Brunsvik annoncent à Ludwig la venue prochaine, à Vienne, de l'une de leurs cousines germaines : Giulietta Guicciardi, une jeune personne de seize ans.

Il la rencontre à son retour de Martonvásár. Elle ne passe pas inaperçue. Une petite brunette charmante, vive, belle, coquette. Sans doute fréquente-t-elle les Deym, puisqu'elle est la cousine germaine de Joséphine. Elle croise Beethoven, qui s'y montre assidûment. Il joue une sonate pour violoncelle, écrit Joséphine dans un français des plus approximatifs —, ainsi que ses nouveaux quatuors, ces chefs-d'œuvre de l'opus 18, premiers d'une série qui, à elle seule, permet de suivre le cheminement musical et spirituel de Beethoven jusqu'à la fin de sa vie dans son expression la plus intime, peut-être la plus profonde.

Des souvenirs de sa jeunesse lui arrivent de Bonn en la personne d'un jeune homme de seize ans, Ferdinand Ries, le fils d'un de ses amis, qui l'accompagne à Vienne. Ce Ferdinand Ries sera plus tard l'un des professeurs de piano de Franz Liszt, ce qui donne une idée de ses compétences. Il nous est précieux, comme tous les témoins rhénans de la vie de Beethoven, Breuning ou Wegeler : des amis d'enfance, des familiers, qui n'ont pas cherché dans leurs *Mémoires* à donner de Ludwig une image déformée, à l'instar de ses biographes viennois, attachés à faire de lui un héros surhumain ou un saint...

Beethoven accueille les Ries père et fils avec chaleur et, ayant entendu le jeune garçon jouer du piano, il accepte aussitôt de s'occuper de lui. Il fera montre à son égard d'une patience qui lui est peu coutumière. Des années plus tard, Ries est encore admiratif de cette façon de jouer si particulière, si novatrice, qu'il découvre chez Beethoven et que Czerny, l'un de ses nouveaux élèves, raconte aussi : Beethoven possède, de façon unique au monde, la technique du *legato*, qui consiste à lier les notes selon un principe de continuité, tandis que le « jeu haché et à petits coups brefs étai[en]t encore à la mode après la mort de Mozart[6] ».

De sa première rencontre avec Beethoven, Ferdinand Ries a donné un compte rendu pittoresque :

Un jour d'hiver, nous partîmes, mon père, Krumpholz et moi, de la Leopoldstadt où nous habitions encore, vers la ville, au Tiefer Graben, où nous montâmes au cinquième et sixième étage ; un domestique, assez sale d'aspect, nous annonça et il nous introduisit chez Beethoven. Une chambre fort en désordre, jonchée de papiers et de vêtements partout, quelques malles, des murs nus, à peine un siège, à l'exception de celui, branlant, qui était devant le pianoforte de Walter (c'étaient les meilleurs) et, dans cette pièce, une société de six à huit personnes [...]. Beethoven lui-même portait une veste d'une étoffe à longs poils gris foncé et un pantalon de même, de sorte qu'il me fit penser tout de suite à l'image de Robinson Crusoé de Campe, que je lisais alors. Ses cheveux noirs comme de la poix, coupés à la Titus, se répandaient autour de sa tête. Sa barbe, vieille de plusieurs jours, rendait encore plus noire la partie inférieure de son visage déjà brun sans cela. Avec le regard rapide habituel aux enfants, je remarquai tout de suite qu'il avait du coton dans les oreilles, qui semblaient humides d'un liquide jaunâtre[7].

C'est pourtant cet anachorète, d'apparence si peu avenante, qui est en train de devenir le compositeur le plus en vue de Vienne. Et qui prépare, au cours de ce terrible hiver 1800-1801, tout en se débattant avec d'angoissants ennuis de santé, les oreilles douloureuses, en proie à « d'effroyables diarrhées[8] », une œuvre fondatrice.

On écoute peu aujourd'hui *Les Créatures de Prométhée*, cette musique de ballet écrite à la demande du chorégraphe italien Salvatore Vigano, maître de ballet du théâtre impérial. Les deux hommes se connaissent déjà : en 1795, Beethoven avait composé douze variations pour piano sur le « Menuet à la Vigano », extrait du ballet *Le Nozze disturbate* de Jakob Haibel. À Vienne, Vigano représente une tendance « moderniste » de la danse, cherchant à « retrouver par ses chorégraphies l'efficacité politique, esthétique, émotionnelle de la pantomime antique », afin d'en faire un « genre indépendant[9] », c'est-à-dire un peu moins futile que ce que le public viennois affectionne ordinairement. Il sait Beethoven en phase avec les idées nouvelles. Et de fait, le mythe de Prométhée ne peut que fasciner le musicien : Prométhée, c'est cet esprit fort, en révolte contre les diktats des dieux, qui décide de doter l'humanité des lumières de l'art et de la connaissance. L'époque est prométhéenne. En 1797, le poète italien Vincenzo Monti a publié *Il Prometeo* en l'honneur de Bonaparte, libérateur de l'Italie. Avant lui Goethe, en 1773, a ébauché un drame sur le même sujet — un Prométhée qui ne subit pas la punition divine et dans lequel Zeus est remplacé par « *ich* », c'est-à-dire « je ». Le choix de réactiver ce mythe n'est pas innocent : Prométhée, c'est l'homme qui décide de prendre son autonomie face aux dieux, qui affirme sa liberté et propose, sur les origines de l'humanité, une version bien différente de celle de la *Genèse*, que Haydn vient de mettre magnifiquement en musique dans *La Création*, d'après le poème de Milton. Faire jouer à Vienne, en 1801, un ballet prométhéen à la fin duquel on trouve une reprise de l'*Hymne à la liberté*, chanson populaire visant à inspirer « une terreur profonde à tous les tyrans de la terre[*10] », est un acte politique. Prométhée, ou la lutte contre le despotisme. Le ballet est allégorique. Il montre, comme le dit l'affiche annonçant la première représentation, « deux statues qui vont s'animer et que le pouvoir de l'harmonie va rendre sensibles à toutes les passions de l'existence humaine[11] ».

L'œuvre est représentée avec succès le 21 mars 1801. Les danseurs obtiennent un triomphe. Elle sera jouée seize fois, mais jamais reprise du vivant de Beethoven.

Durant l'été, il se retire à la campagne, près du village de Schönbrunn. C'est là, probablement, qu'il commence à composer son unique oratorio, *Le Christ au mont des Oliviers*. On situe parfois cette composition à une date un peu plus tardive, et elle sera donnée en concert en 1803. Peu importe : dans cette œuvre, elle aussi quelque peu négligée, souvent bouleversante, la figure du Christ aban-

* Note parue dans les *Annales patriotiques*, Paris, 3 mai 1792, accompagnant un chant intitulé « Romance patriotique ». Le texte est utilisé par Beethoven en référence dans *Les Créatures de Prométhée*.

donné de Dieu est rendue à son humanité, à sa souffrance, à sa solitude. Celle de Beethoven à ce moment de sa vie, qui s'isole pour dissimuler sa surdité, et qui va connaître le fond du désespoir.

Heiligenstadt

Que faire quand la souffrance est telle qu'on a l'impression que la vie s'amenuise, qu'il faudra se résoudre à quitter le monde prématurément en laissant son œuvre inachevée ? Peut-être écrire aux amis pour conjurer le mal et chercher une consolation.

On a déjà évoqué la lettre à Wegeler datant de cet été 1801, où Ludwig parle de sa « vie misérable ». Un autre ami, le cher Amenda, reçoit lui aussi un appel de détresse, et des plus étranges, dont on ne s'étonne guère qu'il ait pu faire jaser les ragoteurs :

Combien je te souhaite souvent auprès de moi ! Car ton Beethoven vit très malheureux, en lutte avec la nature et le Créateur [...]. Sache que la plus noble partie de moi-même, mon ouïe, s'est beaucoup affaiblie. Déjà, à l'époque où tu étais près de moi, j'en sentais les symptômes et je les cachais ; depuis, cela a toujours été pire [...]. Oh, comme je serais heureux si mes oreilles étaient en bon état ! Alors je courrais vers toi — mais je dois rester à l'écart partout ; mes plus belles années s'écouleront sans que je puisse réaliser les exigences de ma force et de mon talent.[...] Bien sûr, j'ai pris la résolution de me dépasser en surmontant tout cela, mais comment sera-ce possible ?

Oui, Amenda, si dans six mois mon mal s'avère incurable, je t'adresserai un appel ; il faudra que tu abandonnes tout et que tu viennes auprès de moi ; je voyagerai alors (mon jeu et ma composition souffrent encore très peu de mon infirmité ; c'est à la vie sociale qu'elle nuit le plus), et tu dois être mon compagnon, je suis sûr que le bonheur de me manquera pas [...]. Après, tu resteras éternellement auprès de moi[1].

À Wegeler, au mois de novembre de cette terrible année 1801, il confie cependant qu'il vit « de nouveau d'une façon un peu plus douce[2] » et que l'amour en est la cause :

Ce changement, une fée, une jeune fille bien-aimée l'a accompli ; elle m'aime, et je l'aime ; de nouveau voici, depuis deux ans, quelques instants de bonheur, et c'est pour la première fois que je sens que le mariage peut rendre heureux ; malheureusement elle n'est pas de ma classe sociale — et maintenant — à dire vrai je ne pourrais pas me marier maintenant — je dois encore abattre une rude besogne[3].

Cette jeune fille dont Ludwig est éperdument amoureux, c'est Giulietta Guicciardi. La belle Italienne, qui fait des ravages dans les cercles viennois, est entrée dans son cœur, et cette fois encore, la cristallisation a opéré jusqu'à lui faire envisager sérieusement le mariage. Mais il est bien le seul, et la partie s'annonce difficile pour conquérir le cœur et la main de cette coquette qu'un témoin, Alfredo Colombani, décrit en ces termes : « Elle avait une démarche royale, les traits du visage admirables de pureté, les yeux grands et profonds d'un bleu sombre, les cheveux noirs et bouclés[4]. »

Beethoven donne des leçons de piano à Giulietta. Il se montre, selon les dires de la belle elle-même bien des années plus tard[5], un professeur exigeant, sinon colérique, qui jette la musique par terre et la piétine quand la donzelle ne joue pas à sa convenance, ce qui n'est pas le meilleur moyen de séduire une aristocrate capricieuse, adulée par tous les mâles des alentours. Il n'accepte pas d'argent, bien que pauvre (dit-elle), seulement du linge, et à condition que la jeune comtesse l'ait cousu elle-même. La comédie galante n'est pas son fort, son seul dieu est la musique : cela ne souffre aucune indulgence.

Que s'est-il passé entre eux ? Des promesses d'amour, un peu de flirt platonique : cela a suffi pour embraser Ludwig, comme s'il avait besoin d'ajouter à ses souffrances physiques la douleur d'un échec annoncé. Car dans la famille Guicciardi, pas plus que dans les autres familles aristocratiques, on n'épouse pas un musicien pauvre — et laid de surcroît —, une sorte de domestique de luxe à qui on passe, à la rigueur, quelques écarts. C'est bien ainsi que Beethoven est considéré, malgré ses emportements, ses sursauts de révolte, son refus obstiné d'assumer ce rôle.

Giulietta minaude. Elle aime bien Ludwig, elle sait que ses cousins Brunsvik en sont fous. Elle est flattée que ce génie s'intéresse à elle. Elle lui offre un portrait d'elle, qu'il gardera jusqu'à sa mort, comme une relique. Elle-même dessine Ludwig. Charmants échanges. Mais il y a loin de l'affection distraite au désir de partager ses jours et ses nuits avec un être si peu gracieux, malgré sa noblesse de caractère et la délicatesse de sentiments dont il sait se montrer capable. D'ailleurs, que sont les sentiments d'un « maître de musique » dans la tête d'une jeune écervelée ? Ces gens-là sont-ils capables d'en éprouver ? Un compositeur compose, c'est sa fonction. L'amour, cela se vit avec des gandins, des bellâtres, des gens de son rang, non avec des saltimbanques ou des artistes crasseux.

Beethoven souffre. À quel moment adresse-t-il à Giulietta une demande en mariage qui sera rejetée ? Peut-être à la fin de cet été 1801, pendant lequel il compose des œuvres qui traduisent ses bouleversements intimes : deux sonates pour piano, la n° 12 en la bémol majeur, sombre et tragique, dite *Marche funèbre*, et la fameuse *Sonate au clair de lune* (titre apocryphe), dédiée à Giulietta. On ne mesure pas toujours ce que cette œuvre trop entendue, ce « tube » de la musique classique parfois caricaturé, recèle de douleur. À la mélancolie profondément méditative du premier mouvement, massacré par tant de pianistes en herbe, répond la grâce d'un deuxième mouvement aérien qui est peut-être un portrait musical de Giulietta, comme il était à la mode d'en écrire alors — « une fleur entre deux abîmes », disait Franz Liszt. Car le troisième mouvement, impétueux, d'une violence inouïe, laisse entrevoir les vertiges de la révolte et de la folie.

Cette violence tragique, on l'entend aussi — et de quelle façon ! — dans bien des passages de la *Deuxième Symphonie* que Beethoven compose, du moins en partie, pendant l'été et l'automne de cette année 1801. Que n'a-t-on dit sur cette œuvre, si mal comprise lors de ses premières représentations, en avril 1803... Il est vrai que Beethoven n'y ménage guère les oreilles sensibles. Quelques mois après, à Leipzig, un critique amateur d'images fortes et de métaphores fleuries décrira cette symphonie comme « un monstre mal dégrossi, un dragon transpercé qui se débat indomptable et ne veut pas mourir, et même perdant son sang (dans le finale), rageant, frappe en vain autour de soi, de sa queue agitée[6] ». Plus tard en France, la première audition de cette *Deuxième Symphonie* inspirera une autre plume ailée — et anonyme : « Il me semble voir renfermer ensemble des colombes et des crocodiles[7]. » Ce petit jeu des citations peut sembler vain et inutilement cruel pour leurs auteurs : il éclaire pourtant sur les conditions de réception des œuvres novatrices, des ruptures qui fondent la modernité : l'artiste impose des formes, le public renâcle. Cela durera près de deux siècles, jusqu'à ce que la confusion spéculative de la postmodernité et le terrorisme critique, renversant les perspectives, fassent admettre le grand n'importe quoi.

Cette *Deuxième Symphonie* n'en est pas moins une très belle œuvre, et son second mouvement l'une des pages les plus bouleversantes de nostalgie et de beauté écrites par Beethoven : c'est un lar-ghetto (tempo que Mozart lui-même a utilisé pour ses plus beaux mouvements lents) qui plonge au plus profond, avec une simplicité qui est le fruit de bien des efforts, dans une évocation du bonheur originel, avec son thème d'ouverture confié aux cordes dans un registre moyen et haut, et sa répétition par les clarinettes, les bassons, les cors : une pureté d'expression miraculeuse, que Beethoven a atteinte après beaucoup d'esquisses, de reprises, de surcharges. Un jour que Ries, travaillant sur le manuscrit, lui demanda quelles étaient les notes de départ, qu'il ne pouvait déchiffrer, le maître répondit : « C'est beaucoup mieux ainsi[8]. »

Giulietta s'éloigne. Parmi tous les soupirants qui lui font une cour assidue, il en est un qui semble pousser l'avantage et gagner ses faveurs. Il s'agit du comte Robert von Gallenberg, un jeune homme élégant comme il se doit, qui se pique de musique et de composition. C'est en réalité un raté, comme la suite le montrera, dont la mine avantageuse masque l'insigne médiocrité. Quant à Giulietta, des révélations tardives de Beethoven dans un des *Cahiers de conversation*[9] la font apparaître sous un jour peu reluisant. Elle flirte avec le musicien pendant l'été et l'automne de cette année 1801, tout en engageant une relation avec Gallenberg qu'elle épousera au printemps de l'année suivante. Pis encore, elle demande à Beethoven, qui se consume d'amour pour elle, d'intervenir en faveur de son soupirant, qui manque d'argent. Beethoven, chevaleresque, s'exécute en faveur de son rival, ce qui en dit long sur sa grandeur d'âme. « J'étais bien aimé d'elle, écrit-il en un français assez incertain, dans un carnet de 1823, et plus que jamais son époux. Il étoit (*sic*) pourtant plus son amant que moi, mais par elle j'appritnois (*sic*) de sa misère et je trouvais un homme de bien, qui me donnoit (*sic*) la somme de 500 florins pour le soulager. Il était toujours mon ennemi, c'étoit (*sic*) justement la raison que je fisse tout le bien possible[10]. »

Contre quelles faveurs, quelles tromperies, quelles minauderies Giulietta a-t-elle obtenu cette démarche de Ludwig ? Sitôt après le mariage, le couple part pour l'Italie, où Giulietta ne tarde pas à collectionner les amants. La suite de sa « carrière » révèle une intrigante, mariée à un imbécile toujours aux abois : en 1814, au moment du Congrès de Vienne qui s'est fixé pour tâche de réorganiser l'Europe après les folies napoléoniennes, Giulietta reviendra dans cette ville comme espionne à la solde de Murat. Beethoven refusera de la revoir, bien qu'elle le lui demandât. Les années ont passé, peut-être, pas les douleurs. Il écrit cette phrase, qui livre au fond le secret de son célibat, la raison de ses choix répétés d'amours impossibles : « Si j'avais ainsi voulu perdre ma force vitale avec la vie, que serait-il resté pour le noble, le meilleur[11] ? »

Et sans doute, avec la dérobade de Giulietta, a-t-il échappé à l'enfer. Il est cependant fortement secoué, et même désespéré. Schindler, son pittoresque biographe, affirme même qu'après sa rupture avec Giulietta, il aurait trouvé refuge chez la comtesse Erdödy et que, séjournant dans son château il aurait disparu dans la nature pendant trois jours pour se laisser mourir de faim. Mais comme Beethoven, à cette époque, ne connaît pas encore la comtesse Erdödy, on peut émettre quelques doutes...

Ce qui semble bien certain, en revanche, c'est qu'il se rapproche de Joséphine von Brunsvik, épouse Deym, dite Pépi, à qui il fait lire les deux premières sonates de l'opus 31, dont *La Tempête*, titre shakespearien, mais comme presque toujours, apocryphe. « Ces œuvres anéantissent tout ce qui a été écrit auparavant[12] », écrit Joséphine à sa sœur Thérèse. Il est vrai que dans *La Tempête*, Beethoven atteint au sublime.

En politique, il n'a rien perdu de son alacrité, de ses révoltes de plébéien. Hofmeister, son éditeur de Leipzig, lui transmet la commande d'une « sonate révolutionnaire ». La réponse ne se fait pas attendre : d'une plume furibonde, il écrit :

Me proposer de faire une telle sonate ? — Au temps de la fièvre révolutionnaire, oui, à la bonne heure — cela aurait pu se faire, mais maintenant, quand tous cherchent à se couler de nouveau dans les vieilles ornières, que Buonaparte a conclu un Concordat avec le pape — une telle sonate ? — [...] pour ces nouveaux temps chrétiens qui commencent — hoho ! — laissez cela[13] [...].

Ces « nouveaux temps chrétiens », il les abhorre, autant qu'il déteste « la canaille » qui se trouve aussi bien, dit-il, « dans la ville impériale et dans la cour impériale[14] ». Il est déçu dans ses espoirs (et pas seulement amoureux), désabusé, révolté. La religion de l'humanité, qu'il appelle de ses vœux, est décidément une lointaine utopie...

En mai 1802, Beethoven quitte Vienne pour s'installer dans un petit village voisin qu'il a rendu à jamais célèbre : Heiligenstadt. C'est aujourd'hui encore une résidence charmante, devenue une banlieue huppée de Vienne, bordée de vignes et de forêts. Luxe, calme, suavité, un lieu de solitude et de repos où il va chercher à recouvrer un peu de son équilibre et à panser ses blessures. Un lieu de silence où la nature est belle et accueillante. De la maison qu'il occupe la vue s'étend très loin, vers Vienne et le Danube ; au-delà, au fond de l'horizon, on distingue par temps clair la chaîne des Carpates. Un endroit idéal pour cacher sa surdité. D'ailleurs, il n'y est pas seul en permanence : ses amis de Vienne lui rendent souvent visite, comme son cher Reicha, arrivé de Bonn depuis peu, Schmidt son médecin, Ries, son élève, qui joue aussi un peu le rôle de secrétaire. Quant à ses frères, on ne sait pas s'ils ont fait le déplacement, et il s'en passe de toute façon fort bien.

C'est durant cet été de solitude qu'il poursuit, et sans doute achève, la composition de la *Deuxième Symphonie*. Puis vient l'automne où il écrit ce texte, retrouvé dans ses papiers, quelques jours après sa mort, par Anton Schindler et Stephan von Breuning. Son authenticité ne fait évidemment aucun doute. Confié à Friedrich Rochlitz, un chroniqueur musical que Beethoven ne portait pas dans son cœur, il sera publié en octobre 1827, six mois après le décès du compositeur. C'est sans doute le texte le plus célèbre de toute l'histoire de la musique, et un document extraordinaire sur la crise que Beethoven est en train de traverser à ce moment.

Pour mes frères Karl et [Johann] Beethoven. Ô vous qui pensez que je suis un être haineux, obstiné, misanthrope, ou qui me faites passer pour tel, comme vous êtes injustes ! Vous ignorez la raison secrète de ce qui vous paraît ainsi. Dès l'enfance, mon cœur et mon esprit inclinaient à la bonté et aux sentiments tendres. Même j'ai toujours été disposé à accomplir de grandes actions ; mais pensez seulement que depuis bientôt six ans je suis frappé d'un mal pernicieux, que des médecins incapables ont aggravé. Déçu d'année en année dans l'espoir d'une amélioration, contraint pour finir d'envisager l'éventualité une infirmité durable, dont la guérison, si même elle était possible, exigerait des années, né avec un caractère ardent et actif, porté aux distractions de la vie en société, j'ai dû, de bonne heure, m'isoler, vivre loin du monde en solitaire. Parfois je voulais bien arriver à surmonter tout cela, oh ! Comme alors j'ai été durement ramené à renouveler la triste expérience de ne plus entendre. Et pourtant il ne m'était pas encore possible de dire aux hommes : parlez plus fort, criez, car je suis sourd. Ah ! Comment pouvoir alors avouer les faiblesses d'un sens qui chez moi devrait être dans un état de plus grande perfection que chez les autres, d'un sens que j'ai possédé autrefois dans sa plus grande perfection, dans une perfection telle que bien peu de musiciens l'ont jamais connue ?

Oh ! Je ne le peux pas, aussi pardonnez-moi si vous me voyez me tenir à l'écart, alors que je mêlerais volontiers à vous. Mon malheur est doublement pénible, car par lui je dois devenir méconnu ; pour moi, plus de stimulant dans la société des hommes, plus de conversations intelligentes ni d'épanchements mutuels. Absolument seul, ou presque, c'est juste dans la mesure où l'exige la plus absolue nécessité que je peux me laisser reprendre par la société ; je dois vivre en banni. Si je me rapproche d'une société, je suis aussitôt tenaillé d'une angoisse terrible, celle d'être exposé à laisser remarquer mon état.

Il en fut ainsi pendant ces six mois que j'ai passés à la campagne, poussé par mon intelligent médecin à ménager mes oreilles le plus possible. Il prévint presque mes dispositions actuelles, bien que quelquefois entraîné par l'instinct de la société, je m'y sois laissé égarer. Mais quelle humiliation quand quelqu'un à côté de moi entendait le son d'une flûte au loin et que je n'entendais rien, ou quand quelqu'un entendait chanter un berger, et que je n'entendais rien non plus. De tels événements me poussaient au seuil du désespoir, et il s'en fallait de peu que je ne mette fin moi-même à ma vie.

C'est l'art, et lui seul, qui m'a retenu. Ah ! Il me paraissait impossible de quitter le monde avant d'avoir donné ce que je sentais germer en moi, et ainsi j'ai prolongé cette vie misérable — vraiment misérable, un corps si sensible que tout changement un peu brusque peut me faire passer du meilleur état de santé au pire. — Patience — c'est bien cela, il faut que je la prenne maintenant pour guide, je l'ai fait. — J'espère tenir dans ma résolution d'attendre jusqu'à ce qu'il plaise aux Parques impitoyables de rompre le fil. Peut-être irai-je mieux, peut-être non, je suis courageux. — vingt-huit ans, être déjà obligé à devenir philosophe, ce n'est pas commode ; pour un artiste, c'est encore plus dur que pour un autre homme — Divinité, tu vois d'en haut au fond de moi, tu le peux, tu sais que l'amour de l'humanité et le désir de faire du bien m'habitent. Ô hommes, si jamais vous lisez ceci un jour, alors pensez que vous n'avez pas été justes avec moi, et que le malheureux se console en trouvant quelqu'un qui lui ressemble et qui, malgré tous les obstacles de la Nature, a tout fait cependant pour être admis au rang des artistes et des hommes de valeur. — vous, mes frères Karl et [Johann], dès que je serai mort, et si le professeur Schmidt vit encore, priez-le en mon nom de décrire ma maladie, et joignez-y ces pages, afin qu'au moins après ma mort le monde se réconcilie avec moi. — En même temps, je vous déclare ici tous deux héritiers de ma petite fortune (si on peut la nommer ainsi). Partagez-la honnêtement, entendez-vous et aidez-vous mutuellement. Ce que vous avez fait contre moi, je vous l'ai pardonné depuis longtemps, vous le savez bien. Toi, frère Karl, je te remercie encore spécialement pour l'attachement dont tu m'as donné la preuve ces temps derniers. Mon vœu est que votre vie soit meilleure et moins soucieuse que la mienne ; recommandez à vos enfants la Vertu, elle seule peut nous rendre heureux, et pas l'argent, je parle par expérience ; c'est elle qui m'a relevé dans ma détresse ; je lui dois comme à mon art de n'avoir pas fini ma vie par le suicide.

Adieu et aimez-vous ! — Je remercie tous mes amis, en particulier le prince Lichnowsky, le professeur Schmidt. — Les instruments donnés par le prince L., je souhaite qu'ils puissent être conservés chez l'un de vous ; mais qu'il ne s'élève pour cela aucun conflit entre vous ; dès qu'ils pourront vous servir plus utilement à quelque chose, vendez-les. Comme je suis joyeux, si je peux, sous ma pierre tombale, vous être encore utile. —

Ainsi c'est fait : — avec joie je vais au-devant de la mort. — Si elle vient avant que j'aie eu l'occasion de déployer encore toutes mes possibilités pour l'art, alors elle vient encore trop tôt pour moi, malgré mon dur Destin, et je voudrais qu'elle soit plus tardive — pourtant même alors je serai heureux ; ne me délivrera-t-elle pas d'un état de souffrance sans fin ? — Viens quand tu voudras, je vais courageusement au-devant de toi. Adieu et ne m'oubliez pas tout à fait dans la mort, j'ai droit à cela de votre part, car dans ma vie souvent j'ai pensé à vous rendre heureux, soyez-le —

Heiligenstadt, le 6 octobre 1802.

LUDWIG VAN BEETHOVEN

Heiligenstadt, le 10 octobre 1802 — ainsi je prends congé de toi — et bien tristement — oui, l'espérance aimée — que j'ai emportée ici, d'être guéri au moins à un certain point, il faut que je l'abandonne complètement. Comme les feuilles d'automne tombent et se fanent, ainsi — elle aussi est desséchée pour moi ; presque comme je vins ici, je m'en vais. —

Même ce courage altier qui m'animait souvent dans les beaux jours d'été, il a disparu — Ô providence — laisse une fois m'apparaître un jour de joie pure — depuis si longtemps déjà l'écho intime de la vraie joie m'est étranger ! — Ô quand, ô quand, ô divinité — pourrai-je l'éprouver de nouveau dans le temple de la Nature et de l'humanité ? — Jamais ? — non, ce serait trop dur[15] !

Le texte s'adresse à ses frères, mais le nom de Johann est laissé en blanc, comme indigne d'y figurer. Il est clair que c'est toute l'humanité que Beethoven interpelle dans ces lignes, qui rappellent parfois certains accents des *Confessions* de Jean-Jacques Rousseau dans l'obsession de se justifier auprès de la terre entière. Solitude, incompréhension, désespoir lié à sa surdité, stoïcisme puisé chez les Anciens, confiance éperdue dans sa religion de l'art, dont il se voudrait le prêtre le plus éminent... Ô vous frères humains... Il s'est éloigné de cette humanité contre sa volonté, semble-t-il dire, comme pour mieux la servir et la célébrer.

Reste la tentation du suicide, évoquée deux fois de façon explicite, qui révèle un peu plus l'intensité des douleurs morales et physiques subies depuis longtemps. Une lecture honnête du texte, criblé de ces tirets qui sont toujours chez Beethoven le signe d'un état émotionnel intense, écarte toute idée de pose ou d'afféterie « romantique » dans le désarroi. C'est le témoignage d'un chagrin profond. Mais il n'est pas interdit de penser, en évitant toute grandiloquence, que l'évidence du tragique s'accorde particulièrement à certaines existences...

Le miracle est que ce désarroi, cet ensauvagement dû à une surdité croissante, n'ait pas éteint son formidable désir de créer. Quand il quitte Heiligenstadt, quelques jours après, il emporte dans ses carnets d'esquisses les premières mesures de la *Symphonie héroïque*.

Le temps de l'« Héroïque »

Les temps nouveaux promis par la Révolution française sont loin. L'hubris meurtrier de la Terreur, en France, a noyé les idéaux révolutionnaires sous des flots de sang, les chefs se sont guillotinés entre eux, puis l'irrésistible ascension de Bonaparte, ci-devant républicain en route vers le despotisme, fait de la France l'Ogre de l'Europe. L'Autriche vit une paix fragile depuis le traité de Lunéville en 1801. À Vienne, on s'étourdit, on cherche furieusement les plaisirs, on danse sur un volcan. Le régime autrichien est confronté à une double épreuve : maintenir une force militaire pour résister aux ambitions françaises et aux appétits de conquête de Bonaparte, et contenir l'« ennemi intérieur », les sympathisants jacobins au sein de sa population.

La destinée météorique de Bonaparte frappe les imaginations. Ses victoires militaires, sa course impitoyable vers le pouvoir en font un nouvel Alexandre. Celui qui n'est encore que le Premier consul est en train de construire un mythe, de devenir un modèle héroïque pour toute la jeunesse ardente d'Europe, avant que ce mythe ne se délite dans l'épopée sanglante puis la tragédie de l'échec et de l'exil. Entre-temps, il y aura eu l'assassinat du duc d'Enghien, puis la mégalomanie du couronnement, ce qui refroidira quelques enthousiasmes, notamment chez les libéraux.

Avant que l'état de guerre permanent ne se substitue aux idéaux révolutionnaires et que Napoléon n'entreprenne, d'abord contraint par la menace des coalitions monarchiques européennes puis, y ayant pris goût et dans une jouissance éperdue de lui-même et de son pouvoir, une calamiteuse politique de conquête, une fuite en avant suicidaire, le bonapartisme à ses débuts suscite une fascination que l'on a peine à imaginer. Le destin de Napoléon semble celui d'un dieu vivant descendu de l'Olympe, Christ séculier investi d'une mission messianique. Un buste de Napoléon orne le cabinet de travail de Goethe. Selon Hegel, Napoléon est « une âme à l'échelle de l'univers — un individu qui embrasse le monde et le domine[1] ». Beethoven n'est pas en reste, qui voit dans le Premier consul « l'égal des plus grands consuls romains[2] ». Profondément républicain, démocrate, il pense avec beaucoup d'autres que la jeune République française réalise les idéaux platoniciens dont il est nourri. Et que l'épopée napoléonienne est de nature à attirer l'avènement d'une humanité fraternelle et libre.

Tout au long de sa vie, l'attitude de Beethoven vis-à-vis de Napoléon oscilla entre admiration et détestation, fascination et répulsion. Toujours, il éprouva un fort sentiment d'identification avec le vainqueur d'Austerlitz, ce contemporain dont l'ambition démesurée, le désir de pouvoir, le sens du destin lui renvoient comme l'image de lui-même. « Dommage que je ne comprenne pas l'art de la guerre aussi bien que celui de la musique, dit un jour Beethoven à son ami Krumpholz, je le battrais[3] ! »

Mais Beethoven est un artiste, c'est-à-dire, selon le mot de Shelley, un de ces « législateurs non reconnus du monde », de ceux qui montrent le chemin par l'esprit. Son affaire n'est pas le pouvoir, mais la puissance — ce qui est autrement noble et durable.

En rentrant de son séjour à Heiligenstadt, à l'automne 1802, il reprend son entreprise de conquête du monde musical. La crise est passée, comme si l'écriture du testament, où il évoque sa mort, lui avait permis d'en vaincre le spectre, de purger ses angoisses pour repartir de l'avant.

C'est le début d'une décennie prodigieuse, ponctuée d'un nombre impressionnant de chefs-d'œuvre marqués par le style « héroïque ». On parle généralement, pour cette période, de « deuxième époque créatrice » — surtout par commodité. De 1802 à 1813, son activité de compositeur se déploie avec une fécondité constante, une énergie sans faille : pendant cette dizaine d'années, il écrira un opéra, une messe, six symphonies, quatre concertos, cinq quatuors à cordes, trois trios pour piano, deux sonates pour violon, six sonates pour piano, sans compter des lieder, des variations pour piano, des ouvertures. Une véritable fièvre créatrice, une volonté de tous les instants, d'autant plus remarquable que le travail de composition, pour Beethoven, n'a rien de spontané ni de « facile ». Contrairement à Mozart, formé si précocement à l'écriture qu'il pouvait mettre en forme à un rythme très rapide des partitions jaillissant d'une imagination torrentielle, Beethoven hésite, tâtonne, construit, maçonnant ses compositions comme Cézanne le fera avec ses toiles. Ses carnets d'esquisses témoignent de ce prodigieux travail d'élaboration. La forme naît lentement, se construit par strates successives, au prix de renoncements et de « repentirs ». La solidité de sa musique est celle d'un architecte, sa profondeur le fruit d'inlassables reprises, jusqu'à trouver la forme idéale — celle qui n'existe pas encore.

Le temps du brio et des succès mondains comme virtuose du piano est derrière lui — du moins le voudrait-il, même s'il se montrera encore, de loin en loin, dans les salons de l'aristocratie. Il y a un avant et un après Heiligenstadt. Ses troubles auditifs le convainquent, de plus en plus, que sa véritable destinée est dans la composition.

Mais à ce titre, il est loin d'être unanimement reconnu. L'étrangeté de son style suscite à Vienne une sorte de querelle des Anciens et des Modernes. La « fièvre beethovénienne » enflamme la jeune garde, tandis que les tenants de la tradition s'effraient de la rupture « fantastique » (selon Haydn) que Beethoven entend imposer. Et il est loin d'être le compositeur le plus populaire à Vienne : Mozart, Haydn, Cherubini, Meyer, sans parler de

Paisiello ou de l'admirable Cimarosa pour l'opéra, sont beaucoup plus joués que lui.

L'opéra, justement, c'est le nouveau défi que va relever Ludwig à son retour de Heiligenstadt. À la fin de l'année 1802, le directeur du théâtre An der Wien lui propose d'en composer un. Ce commanditaire n'est pas tout à fait un inconnu : il s'appelle Emmanuel Schikaneder. C'est le librettiste de *La Flûte enchantée* de Mozart. Ce livret, d'un symbolisme maçonnique assez niais, mais pour lequel Mozart a composé une musique d'un autre monde, a assuré sa fortune, tandis que Mozart a connu une fin misérable deux mois seulement après l'avoir écrit, amère ironie : Schikaneder est riche, il dirige un grand théâtre, il cherche du sang neuf pour concurrencer les gloires du moment et les autres théâtres de Vienne. Ce Beethoven, qui a le vent en poupe auprès d'un certain public, lui semble l'homme de la situation.

Beethoven s'installe avec son frère Karl dans un appartement mis à sa disposition dans le théâtre. Les affaires reprennent, en même temps qu'un conflit avec l'éditeur viennois Artaria, que Beethoven accuse de lui avoir volé son *Quintette en ut mineur* (op. 27). Le litige se réglera par décision de justice, aux torts du compositeur qui refuse de faire des excuses publiques. Les disputes avec les éditeurs l'occuperont d'ailleurs beaucoup dans les dix années à venir, épuisantes et souvent stériles.

Schikaneder tarde à lui fournir le livret d'opéra annoncé. Ou bien ce qu'il lui propose n'est pas satisfaisant : il ne reste que quelques semaines dans son appartement du théâtre. Il donne encore quelques concerts privés chez ses riches protecteurs et poursuit un intense travail de composition. On situe l'aboutissement de l'oratorio *Le Christ au mont des Oliviers* à ce début de l'année 1803. Quoi qu'il en soit, il est évident que Beethoven, improvisateur hors pair mais compositeur peu spontané, y a songé bien avant, au moins durant l'été précédent. Plus tard, il dira avoir écrit cet oratorio en quinze jours.

L'œuvre est donnée le 5 avril 1803, lors d'un concert public où figurent aussi les deux premières symphonies, ainsi que le *Troisième Concerto pour piano*. C'est de cette époque que date aussi la composition, inhabituellement rapide chez lui, de la fameuse sonate pour piano et violon, dite *À Kreutzer*, du nom du violoniste français avec qui Beethoven s'était lié d'amitié à l'ambassade de France, en 1798.

Le *Troisième Concerto pour piano* est la première composition dans ce genre dont Beethoven se soit déclaré satisfait. Il lui a fallu quatre ans pour en venir à bout, entre le projet initial et la première exécution publique. Il montre une telle confiance dans cette œuvre que, cas unique chez lui, il forme son élève Ries à l'interpréter en public, alors qu'il se gardait jalousement ce monopole pour ses précédents concertos. Peut-être parce que son génie d'improvisateur, pensait-il, pouvait compenser les « faiblesses » de la partition. Il a trouvé enfin la forme idéale, l'équilibre désiré entre la puissance de l'orchestre et la virtuosité du soliste. Ce concerto, admiré à juste titre, d'une beauté sombre et intense avec sa tonalité d'*ut* mineur (on songe parfois, dans certains motifs, au *Vingtième Concerto en ré mineur* de Mozart, que Beethoven admirait profondément) deviendra vite une sorte de modèle canonique du genre.

Mais il n'est pas satisfait de sa vie à Vienne. Il a le sentiment de n'y avoir pas entièrement la place qu'il mérite, déchiré entre son désir d'indépendance et l'angoisse de la précarité. « Pensez que tout le monde autour de moi a un emploi et sait exactement de quoi il vit — mais, mon Dieu ! quelle affectation un *parvum talentum com* (*sic*) *ego* (un médiocre talent comme moi) peut-il recevoir à la cour impériale[4] ? » écrit-il à l'éditeur Hofmeister. Il songe à quitter Vienne pour s'installer à Paris, après qu'il aura mené à bien son projet d'opéra avec Schikaneder. Il est sûr de trouver en France un public à sa mesure, et en harmonie avec ses idées politiques et esthétiques. Son ami Reicha, compagnon d'études de ses années à Bonn, revient justement d'un séjour de trois années à Paris. Il lui parle de la vie musicale dans la capitale française. Il lui montre même une composition de son cru, conçue selon un « nouveau système » d'écriture de la fugue — on sait les Français, depuis Rameau et même Jean-Jacques Rousseau et jusqu'à Pierre Boulez, friands de nouveautés en matière de théories musicales. Les prétentions de son ami piquent Beethoven au vif : en réponse, il compose les *Quinze variations et une fugue* pour piano en mi bémol majeur, où il déploie, à partir d'un des motifs des *Créatures de Prométhée* que l'on retrouvera dans la *Symphonie héroïque*, toutes les ressources de sa propre science du contrepoint et de la fugue. Mais Paris est une destination attirante : n'y a-t-on pas célébré, en 1797, l'alliance de l'Art et de la Liberté, en accueillant en grande pompe des « objets d'art venus d'Italie » (c'est-à-dire pillés), symboles de la liberté régnant dans les « républiques antiques » ? L'universalisme révolutionnaire considère que leur vraie place est en France, patrie de la Liberté. C'est ainsi que l'on remplit des musées à bon compte. Beethoven est en tout cas persuadé que sa place est là-bas, à Paris, et non à Vienne, ville conservatrice, où le Vieux Monde n'en finit pas de mourir. Il se souvient du passage de Bernadotte. Et la symphonie évoquée alors, il est en train de la composer. Il en a même le titre : elle s'appellera la symphonie « Bonaparte ».

Il envisage son départ vers Paris pour le courant de l'année 1804. En attendant, une autre tâche le retient à Vienne. Fin 1803, il s'attaque au livret que Schikaneder vient enfin de lui remettre : *Vestas Feuer* (« Feu de Vesta »). Son élan est de courte durée : il juge le projet inepte. Peu de temps après, Schikaneder doit céder la direction du théâtre. Beethoven abandonne rapidement le projet *Vestas* et s'intéresse à un autre sujet, que lui a peut-être fait connaître le baron von Braun, nouveau directeur du théâtre An der Wien. Il s'agit de l'histoire d'une femme qui se travestit en homme afin de sauver son noble mari, prisonnier du tyran : *Léonore ou l'amour conjugal*, du Français Jean-Nicolas Bouilly. L'auteur était avocat au parlement de Paris et fut accusateur public pendant la Révolution, se targuant d'avoir sauvé quelques « ci-devants nobles » du couperet de la guillotine. Il a écrit ce livret en 1797, s'inspirant semble-t-il de l'histoire authentique d'une Tourangelle risquant sa vie pour libérer son mari emprisonné. L'œuvre a déjà été donnée à Paris, sur une musique de Pierre Gaveau.

Le texte n'est guère brillant, mais le genre de la « pièce à sauvetage », où l'amour sublime est prêt à tous les sacrifices, rencontre un certain succès à Paris. Beethoven songe à l'avenir : s'il arrive en France avec une telle œuvre, les portes s'ouvriront : à nous deux Paris, et il pourra conquérir la ville.

Léonore deviendra *Fidelio*. L'histoire de cet opéra est une longue suite d'abandons, de reprises, de déceptions, avant un triomphe tardif. Beethoven commence à y travailler au début de l'année 1804. Puis il laisse l'œuvre de côté, sans doute parce que la situation du théâtre est incertaine et qu'il n'est pas assuré de pouvoir faire représenter son opéra dans l'année. Il continue pourtant à y travailler par intermittence, comme le montrent ses carnets d'esquisses.

Il a d'autres urgences. La symphonie « Bonaparte », qu'il est temps de terminer, requiert toute son énergie. Il s'y consacre avec acharnement, tout au long de cette année 1804. Cette symphonie a son histoire, et même sa légende. Parmi toutes ses œuvres, à travers les péripéties de sa composition et les circonstances qui la traversent, elle est celle que Beethoven chérissait le plus — c'est ce qu'il affirmait encore en 1817.

La Révolution française et ses suites ont imposé le genre héroïque. Beethoven, dans cette symphonie, cherche à parfaire et à magnifier un style musical venu de la France révolutionnaire : celui de Méhul, de Cherubini, compositeurs qu'il connaît. Robert Schumann, fin musicologue, a même remarqué l'influence d'une symphonie de Méhul sur la *Cinquième Symphonie*. Pendant dix ans, en France, l'art musical s'est fait le serviteur zélé des idéaux révolutionnaires, de façon souvent grandiloquente, sinon tonitruante. Beethoven a lu ou entendu ces œuvres. Il n'est pas certain qu'il les admire sans réserve, mais il est leur contemporain et elles représentent une nouveauté, une ouverture, un contrepoint aux suavités viennoises, elles ouvrent la voie à un gigantisme et à une puissance sonore tout à fait dans son tempérament. Et puis, elles viennent de France...

Peu à peu, cependant, ses yeux se sont dessillés. On a vu sa réaction quand on lui a suggéré de composer une « sonate révolutionnaire ». Tout au long de l'année 1804, pourtant, il continue d'écrire sa « Symphonie Bonaparte ». Jusqu'au moment, raconte Ries, où il apprend que Napoléon s'est déclaré empereur des Français :

Là-dessus, il entra en fureur et s'écria : « Ce n'est donc rien de plus qu'un homme ordinaire ! Maintenant, il va fouler aux pieds tous les droits humains, il n'obéira plus qu'à son ambition, il voudra s'élever au-dessus de tous les autres, il deviendra un tyran ! » Il alla vers sa table, saisit la feuille de titre, la déchira de bout en bout et la jeta par terre. La première page fut récrite à nouveau, et alors la symphonie reçut pour la première fois son titre : *Sinfonia Eroica*[5].

Telle est l'histoire que la légende a retenue. On peut émettre des hypothèses sensiblement différentes. Si Beethoven renonce à sa dédicace au futur empereur des Français, c'est peut-être aussi pour des raisons plus diplomatiques. En 1804, la paix entre l'Autriche et la France est loin d'être acquise. À l'automne, les troupes françaises occupent Vienne, et la guerre reprendra l'année suivante. Le dédicataire de l'*Héroïque* sera le prince Lobkowitz, qui l'a achetée pour la somme de 400 florins et la fera jouer dans sa résidence d'été en septembre 1804. On dit que le prince Louis-Ferdinand de Prusse, s'arrêtant à Raudnitz, chez Lobowitz, aima tant cette symphonie qu'il la fit jouer trois fois de suite.

Si le héros de l'*Héroïque* n'est plus Napoléon, qui est-il ? Personne. Seulement une idée de l'héroïsme, que l'Histoire est impuissante à faire advenir, les « héros » finissant toujours en criminels. Une certaine conception de la grandeur humaine, enfermée dans des conflits tragiques. L'*Héroïque* est une symphonie à programme. Elle est longue — son exécution dure près d'une heure, ce qui est inusité alors pour une œuvre de ce genre. Premier mouvement grandiose, « prométhéen », montées vertigineuses, et ces six coups frappés, assénés comme un appel à la lutte ; deuxième mouvement en forme de « marche funèbre » aux accents tragiques, avant un scherzo, forme définitivement adoptée par l'artiste, exprimant une joie dionysiaque ; et une apothéose finale qui reprend le fameux thème déjà utilisé dans *Les Créatures de Prométhée* et les *Quinze variations et une fugue* pour piano, inspiré d'une chanson populaire qui, à l'évidence, obsède Beethoven : c'est bien à un triomphe que l'on est convié, à un chant de liberté, une explosion sonore où éclate une joie surhumaine, après une sombre descente au royaume des morts.

Beethoven se sent floué dans ses idéaux, et son œuvre reflète ce déchirement. Comme le note Maynard Solomon :

Beethoven considérait Bonaparte comme l'incarnation du chef éclairé, mais, en même temps, il se sentait trompé dans son attente par son césarisme. L'ambivalence de Beethoven reflétait une contradiction capitale de son époque, et celle-ci trouve son expression dans *L'Héroïque*. Cette symphonie résultait du conflit entre la foi des Lumières dans le prince sauveur et la réalité du bonapartisme[6].

Bien entendu, plus question de partir pour Paris. Inutile de quitter Vienne pour trouver pire ailleurs. Beethoven, en tant qu'artiste, est trop profondément intelligent pour ne pas comprendre que, dans un tel régime, on attend des œuvres d'art qu'elles servent, sur le mode du pathos et de l'héroïsme triomphant (et ridicule), la gloire du tyran. Ce sera sans lui.

La *Symphonie héroïque*, malgré la référence dont elle s'est longtemps prévalue, n'est donc pas une « symphonie Napoléon ». C'est le chant de triomphe de l'humanité victorieuse des ténèbres, la première où Beethoven, au-delà des circonstances fortuites de l'Histoire, dépassant les influences françaises d'une « musique révolutionnaire » marquée de naïveté pompeuse, atteint vraiment à l'universel.

Le feuilleton *Fidelio*

Giulietta, mariée, a disparu de sa vie. En souffre-t-il ? L'a-t-il chassée de ses pensées ? Nous n'en savons rien. Ludwig ne ressasse pas ses échecs : il avance. Joséphine Deym, née Brunsvik, reste en revanche très présente dans son quotidien, et de plus en plus. Son mariage a été bref, quoique fécond. Elle est veuve depuis le début de l'année 1804. Le comte Deym est mort d'une pneumonie au cours d'un voyage à Prague, laissant Joséphine avec trois jeunes enfants, et enceinte d'un quatrième. Lentement, Beethoven et « Pépi » vont se rapprocher. Thérèse, l'aînée, un peu trop présente dans la vie de sa sœur, sinon tyrannique, en concevra quelque ombrage.

Mais on ne connaît à Beethoven aucun attachement sentimental réel en cette année 1804. Il travaille. Il sait qu'il a, avec la *Symphonie héroïque*, franchi un pas déterminant. Enfin une œuvre à sa mesure, aux dimensions de son ambition. Il sait aussi que la partie est loin d'être gagnée quant à la réception de cette symphonie d'un genre si nouveau. Elle impressionne ses premiers auditeurs, sans toujours les séduire : le chemin sera long. Au cours des années suivantes, en effet, les réactions sont mitigées, sinon hostiles. Une note de l'*Allgemeine Musikalische Zeitung*, en 1805, la décrit comme « longue, difficile à exécuter, sorte de fantaisie hardie et sauvage qui semble déréglée, pleine de sons perçants et de bizarreries, si bien qu'il est impossible d'en avoir une vue d'ensemble ». Les mêmes critiques se répètent au fil des concerts : trop longue, bizarre, colossale, manquant de clarté et d'unité. Bien des étrangetés que l'on juge peu nécessaires « *per festiggiar il sovenire d'un grand uomo** », comme le dit la dédicace.

Mais une œuvre doit creuser son sillon, vivre de sa propre vie. Beethoven est déjà ailleurs. Pendant cette année, il s'est violemment disputé avec son ami Stephan von Breuning, a rompu, puis s'est rabiboché selon les modalités habituelles : excuses, contrition, protestations d'affection, etc. Pourquoi ? Un motif futile, comme souvent, probablement une incompatibilité d'humeur, car les deux amis partagent à ce moment le même appartement, et la cohabitation avec un Beethoven désordonné et fantasque n'est pas une sinécure. Il perd fréquemment des objets dans son capharnaüm, les cherche, hurle, accuse son entourage d'y avoir touché, car lui, bien entendu, s'y retrouve toujours. Ses accès de violence sont aussi le signal que le processus créateur est en route. À Breuning, Beethoven reproche sa mesquinerie, son étroitesse de

---

* « Pour célébrer le souvenir d'un grand homme. »

vues. Réfugié à Baden, puis à Döbling pendant l'été, il écrit à Ries une lettre fort révélatrice de son caractère et de sa vision des relations humaines :

> Croyez-moi, mon cher, mon emportement n'a été que l'explosion de nombreuses circonstances fortuites et désagréables arrivées précédemment entre nous. J'ai le don de pouvoir cacher et retenir mes impressions sur une foule de choses ; mais si je suis une fois poussé à bout dans un moment où je suis plus accessible à la colère, je m'emporte alors plus rudement que tout autre. [...] Pour fonder l'amitié, il faut une complète similitude entre les âmes et les cœurs des hommes[1].

À l'automne 1804, Beethoven retourne à Vienne. Il reprend son appartement au théâtre An der Wien, car le projet *Léonore* est à nouveau en chantier.

Il est frappant de constater que chaque entreprise d'importance, chez cet artiste bouillonnant, prend le visage d'une femme aimée, comme s'il s'agissait de s'éprouver. Durant l'été, malade, fiévreux, rongé par ses coliques, les oreilles douloureuses, il a ébauché la composition d'une sonate qui deviendra la sonate *Appassionata*, dédiée à Franz von Brunsvik, le « chevalier glaçon », sans doute pour cimenter ses liens avec la famille. Est-ce à Joséphine qu'il pense ? Création et désir vont de pair, comme si le don de soi qu'impose le travail cherchait sa raison d'être dans la possible récompense de l'amour — et à l'inverse, comme si les désastres amoureux rendaient nécessaire le refuge dans le travail.

Jamais une composition telle que cette *sonate Appassionata* (titre qui n'est pas de Beethoven) n'avait été conçue pour le piano. Beethoven lui-même la considérait comme sa plus grande réussite, jusqu'à ce qu'il atteigne un nouveau sommet avec la sonate *Hammerklavier* (op. 106), quinze années plus tard. Comme l'écrit Maynard Solomon, « dans l'*Appassionata*, il élargit considérablement la palette dynamique, donne aux timbres des couleurs étranges et riches qui les rapprochent des sonorités orchestrales[2] ». Fruit d'une longue élaboration, l'œuvre est de bout en bout dominée par le sentiment du tragique, l'expression de la lutte contre les éléments, les passions, la folie. On y entend, à la fin du premier mouvement, comme l'annonce du motif rythmique initial de la *Cinquième Symphonie*...

Après l'échec douloureux avec Giulietta, il a puisé au fond de lui-même les forces nécessaires pour achever la composition de l'*Héroïque*, suprême revanche. En reprenant la composition de *Léonore*, il engage une relation de plus en plus tendre avec Joséphine, que son veuvage a libérée. Et, une fois de plus, il entreprend une cour pressante.

Il tombe assez mal. Après la mort de son mari, Joséphine a donné naissance à son quatrième enfant, puis est tombée dans une grave dépression. Elle est jeune, belle, mais accablée d'une famille nombreuse, et le statut de veuve n'est pas le plus enviable qui soit dans la Vienne impériale. Beethoven se montre souvent chez elle et recommence à lui donner des leçons de piano. Le sentiment d'affection qu'il éprouve pour Pépi depuis qu'ils se connaissent — cinq ans — se transforme en tendre amitié, puis en amour ardent. En tout cas de la part de Ludwig : des lettres de cette époque, retrouvées et publiées longtemps après, ne laissent aucun doute sur la nature de ses sentiments. Elles disent de bien belles choses, ces lettres :

Oh, bien-aimée Joséphine, ce n'est pas le désir de l'autre sexe qui m'attire vers vous, non, c'est seulement vous, toute votre personne et avec vos qualités individuelles... Vous m'avez conquis... Oh vous, vous me faites espérer que votre cœur longtemps — battra pour moi — Le mien ne pourra cesser de battre pour vous que quand il ne battra plus du tout[3].

Ou cet aveu, caractéristique d'un état amoureux en phase de sublimation :

Il n'y a pas de langage qui puisse exprimer ce qui est tellement au-dessus de la simple affection [...] Seulement en musique — Hélas, je ne me vante pas quand je crois que je maîtrise mieux la musique que les mots. Vous, vous, mon tout, mon bonheur — même avec ma musique je ne puis l'exprimer.

Et cette touchante formule, qui laisse entrevoir que l'affaire est mal engagée :

Je vous aime aussi chèrement que vous ne m'aimez pas[4].

C'est que la famille veille au grain. Joséphine, en proie à ce qui ressemble à des crises d'hystérie, est aux bons soins de sa sœur cadette, Charlotte, qui écrit à Thérèse : « Beethoven est presque chaque jour chez nous, il donne des leçons à Pépi : — c'est un peu dangereux, je te l'avoue[5]. » Et Thérèse, inquiète, de répondre à sa sœur : « Mais, dis-moi, Pépi et Beethoven, que va-t-il en advenir ? Elle devrait faire attention[6]. »

En somme, l'histoire se répète : Beethoven n'est pas épousable, du moins pas dans les rangs de l'aristocratie. D'ailleurs, Joséphine prétend avoir fait vœu de chasteté depuis la mort de son mari, ce qui explique peut-être son état de nervosité. Il est clair que, dans un premier temps du moins, elle se refuse tout à fait à Beethoven. « Cet avantageux plaisir de votre compagnie, que vous m'avez accordé, aurait pu être l'ornement le plus beau de ma vie, si vous m'aviez aimé moins sensuellement[7] », lui écrit-elle. Qu'en termes galants... Et elle ajoute : « Je devrais violer des vœux sacrés si je cédais à votre désir[8]. »

Beethoven feint de se rendre à ces raisons. Il n'en continue pas moins à poursuivre Joséphine de ses assiduités, cherchant même à la culpabiliser en lui prêtant une « liaison ». « Je ne peux exprimer combien il est offensant d'être mis au rang des viles créatures, répond-elle, fût-ce seulement en pensée et par un léger soupçon[9]. »

À l'été 1805, il s'éloigne. Drapé dans sa dignité blessée, il demande à Joséphine de lui rendre des partitions qu'il lui a prêtées. Leurs relations s'interrompent. Beethoven supprime la dédicace à Pépi du lied *An die Hoffnung* (« À l'espérance ») qu'il publie en septembre. À la fin de l'année

1805, Joséphine retournera à Martonvāsār, puis s'en ira vivre à Budapest. Fin d'un amour ? Ce n'est pas si sûr.

En cet été 1805, en tout cas, séjournant à Hetzendorf, Beethoven est totalement absorbé par la composition de *Léonore-Fidelio*.

Cette œuvre atypique décidément embarrasse. Le livret, on l'a dit, est truffé d'invraisemblances, lourd sur le plan dramatique, sinon symbolique, et à certains égards d'un moralisme pesant. Mais c'est aussi une histoire forte, un mélodrame émouvant, qui porte haut les idéaux de la fidélité conjugale, de la liberté, de la lutte contre l'injustice et l'arbitraire. Les problèmes conjugaux ne font certes pas partie du quotidien de Beethoven, mais il y aspire ardemment. Et le genre même de la « pièce à sauvetage » recèle une valeur cathartique : Florestan, noble enfermé dans son cachot, est la victime de l'arbitraire, de toutes les tyrannies, peut-être aussi la mauvaise conscience d'une Révolution qui a mal tourné. Le tyran, abstrait, n'est le représentant d'aucun parti : c'est le symbole éternel d'un pouvoir aveugle, une allégorie du Mal. À l'origine, dans le livret de Bouilly, ce Pizarro, gardien de la prison, n'était pas un rôle chanté. Beethoven lui donne une consistance musicale, élargit le propos à une confrontation entre le pouvoir aveugle et l'humanité souffrante, comme dans le célèbre « Chœur des prisonniers ». Quant à Léonore, déguisée en homme pour pouvoir pénétrer dans la prison, c'est un personnage androgyne, sur lequel repose la lourde tâche de descendre dans l'enfer du cachot où croupit Florestan pour lui offrir une deuxième naissance, comme si elle accouchait de son mari, et de ses frères prisonniers — véritable descente au tombeau avant la résurrection, la fin de l'hiver symbolisée par la mort de Pizarro, et la célébration du nouvel an.

Fidelio est à la croisée des chemins. Encore ancré dans le XVIIIe siècle, sans la fluidité jaillissante des opéras de Mozart, malgré son duo d'ouverture si mozartien en esprit, déjà annonciateur des puissants opéras de Verdi ou de Wagner. Œuvre laborieusement élaborée, reprise, modifiée, c'est sans doute celle qui a causé à Beethoven, peu à l'aise dans l'art dramatique, et disons-le au risque de nous aliéner définitivement les beethovéniens, dans l'écriture vocale, le plus de tourments. Et c'est un chef-d'œuvre *quand même*. La musique, dépassant la notion de genre, y atteint à des sommets inégalés d'émotion et de sublime.

Beethoven a beaucoup tergiversé, beaucoup travaillé, cherché, renoncé, repris. La composition de l'œuvre a pris du retard. Quand elle est enfin prête, les répétitions sont catastrophiques : l'orchestre est mauvais, le chef aussi, et le ténor qui joue le rôle de Florestan, exécrable. Beethoven, pourtant indulgent, s'impatiente puis fulmine, reprochant à l'ensemble des interprètes de massacrer sa musique.

La première représentation a finalement lieu le 12 novembre 1805. Le moment est mal choisi. Avec la formation de la troisième coalition, la guerre entre la France et l'Autriche s'est rallumée. Le 20 octobre, l'armée autrichienne a été battue à

Ulm. En novembre, les troupes françaises occupent Vienne — pacifiquement, mais la présence d'une armée étrangère dans une ville est de nature à plomber les ambiances les plus insouciantes, et la bonne société est partie se réfugier dans ses résidences campagnardes. Le 2 décembre, ce sera la bataille d'Austerlitz et la déroute de l'armée austro-russe. C'est dans ces circonstances tumultueuses qu'a lieu la première de *Léonore*. L'échec est cuisant. L'opéra n'est joué que trois fois devant une salle presque vide, l'essentiel du public étant composé d'officiers français, peu au fait des subtilités de la langue allemande, et qui bâillent et grognent pendant les parties parlées, qui dans l'opéra allemand remplaceront de plus en plus le récitatif.

Un conseil de crise se réunit. Les amis de Beethoven, Ries, Breuning, le directeur de l'opéra von Braun, qui tout baron qu'il est ne se révèle pas moins aussi un fieffé fripon, sorte d'ancêtre de quelques imprésarios et agents artistiques d'aujourd'hui, se concertent pour analyser les raisons de ce four. Elles sont évidentes : l'œuvre est trop longue ; le livret, médiocre, impose des épisodes statiques qui s'éternisent[*]. Il faut resserrer tout cela, trancher dans le vif. Beethoven s'insurge, hurle, tempête : « Pas une note ! » Il tient le ténor titulaire du rôle de Florestan pour responsable de son échec. Mais il finit pas accepter de remanier une première fois

---

[*] Voir à ce sujet les analyses admirables des différentes versions de *Fidelio* dans le *Guide de la musique de Beethoven* d'Élisabeth Brisson, Fayard, 2005.

l'ouvrage. Il raccourcit les scènes trop longues, inutiles sur le plan dramatique. *Léonore* est à nouveau représenté le 29 mars 1806. La paix est revenue, le public aussi. Mais on ne peut guère parler de triomphe : deux représentations... La mort dans l'âme, Beethoven range sa partition, qui dormira de longues années, non sans s'être violemment disputé — et fâché — avec le baron von Braun.

Mais l'affaire *Fidelio* est loin d'être terminée. Pas question de laisser dormir cette œuvre qui lui a coûté tant d'efforts. Au cours des années suivantes, il va la reprendre — certains passages seront récrits dix-huit fois —, composer au total quatre ouvertures, les trois ouvertures de *Léonore* et finalement celle de *Fidelio*, morceaux d'orchestre puissants, dans le style héroïque, souvent repris dans les concerts indépendamment de l'œuvre tant leur dynamisme dionysiaque et leur beauté suscitent toujours l'enthousiasme du public. C'est finalement en 1814 que *Fidelio* trouvera sa forme définitive : dix années de travail, de renoncements, de dépit rageur, une publication en 1810, et au début de l'année 1814, une renaissance : des artistes du théâtre de Carinthie demandent audience à Beethoven pour lui proposer de monter à nouveau *Fidelio*. Échaudé par ses deux précédents échecs, le compositeur hésite beaucoup. Il finit par accepter, à condition de pouvoir retravailler l'ouvrage. Les années de maturation lui ont permis de mesurer, et d'admettre enfin, les imperfections de l'œuvre. Il engage un nouveau librettiste, Frédéric

Treitschke, qui a mission de donner au texte plus d'intensité et d'efficacité dramatiques. « Avec grand plaisir j'ai lu vos améliorations à l'opéra, cela me décide davantage à relever les ruines désolées d'un vieux château », lui écrit-il. Même s'il note aussi qu'il n'est pas facile de « faire du neuf avec du vieux[10] ».

Il retravaille son opéra de mars à mai 1814, avec fièvre, hanté de nouveau par de sombres pensées : des médecins lui ont annoncé qu'il souffre d'une maladie incurable. Laquelle ? Aucun document ne permet de fonder une certitude. On pense aux suites d'une syphilis, à une aggravation de son état général, à une maladie d'entrailles, comme on disait. À cette époque, on le sait, il songe encore au suicide.

La reprise de *Fidelio*, en mai 1814, est vécue dans un tel état de fébrilité et d'urgence que la veille de la générale, la nouvelle ouverture n'est pas encore écrite ! Beethoven y travaille toute la nuit, comme Mozart la veille de la première représentation de *Don Giovanni*, s'endort sur ses portées, et le lendemain matin manque la répétition pendant laquelle les musiciens doivent prendre connaissance de la nouvelle partition. À la place, le soir, on en joue une autre, peut-être celle des *Créatures de Prométhée*. Mais tant d'efforts en valaient la peine : en 1814, la nouvelle version de *Fidelio* est un triomphe. Le goût de l'époque a enfin rejoint les intuitions et les exigences de l'artiste.

Ruptures

Retour à 1806. L'échec de *Léonore/Fidelio* n'assèche pas la vitalité créatrice de Beethoven, bien au contraire. Dès le mois de mai, il se lance dans la composition de trois quatuors à cordes, que l'on connaît sous le titre de *quatuors Razoumovski*, du nom de leur dédicataire. Le comte Razoumovski est un riche amateur d'art et de musique, ambassadeur de Russie à la cour de Vienne. Il est lui-même violoniste et compte parmi les mécènes de Beethoven depuis 1795 et la publication de ses premiers trios. Il entretient un quatuor à ses frais et joue un grand rôle dans la vie musicale de Vienne. Les quatuors qui immortalisent son nom marquent une nouvelle étape dans l'évolution esthétique de Beethoven. Il les écrit rapidement, durant l'été 1806, ce qui laisse supposer qu'il y réfléchit depuis beaucoup plus longtemps.

Comme pour les autres genres, la symphonie, le concerto, la sonate, Beethoven entend faire entrer le quatuor dans une nouvelle ère. Il est frappant de penser qu'au moment de la composition des « Razoumovski », Joseph Haydn, qui a porté ce genre à son apogée dans des cadres classiques, a encore trois années à vivre. Mais Beethoven fait basculer le quatuor dans un autre univers sonore : ampleur symphonique, utilisation de thèmes russes inédits, conception d'un véritable cycle où certains mouvements se répondent d'un quatuor à l'autre, le final du troisième renvoyant à l'allegro initial du premier : « Si le piano puis l'orchestre avaient joué pour Beethoven le rôle de laboratoire de création, note Maynard Solomon, son attention en matière expérimentale prenait à présent pour champ le quatuor à cordes[1]. » Beethoven lui-même, à cette époque, envisage de se consacrer presque exclusivement à ce type de composition dans laquelle il trouve matière à approfondir sa pensée de grand architecte des formes musicales.

Bien entendu, cette entreprise difficile, un rien austère, ces conceptions complexes où se glissent des procédés inusités, cette invention permanente de nouvelles structures, les pulsations rythmiques, la richesse mélodique de ces quatuors — des mélodies déconcertantes car décomposées en plusieurs motifs —, tout cela ne favorise guère un accueil immédiat. Les interprètes renâclent devant ces compositions révolutionnaires (on ne parle pas encore d'avant-garde !). Le violoniste Radicati va même jusqu'à déclarer que ces quatuors ne sont plus de la musique et s'attire cette réponse du maître : « Oh ! Ce n'est pas pour vous ! C'est pour les temps à venir[2] ! » Il ajoute même, à l'adresse du grand violoniste Schuppanzigh, fidèle ami et admirateur avisé de ses quatuors, qui se plaint des difficultés d'exécution : « Croyez-vous que je pense à vos misérables cordes, quand l'esprit me parle[3] ? »

Les vrais amateurs ne s'y trompent pas, même si les réactions enthousiastes sont longues à venir. Dès 1808, Johann Friedrich Reichardt, dans ses *Vertraute Briefe*, compare Beethoven à Michel-Ange. Cinq ans plus tard, en 1811, à propos de ces mêmes quatuors, l'*Allgemeine Musikalische Zeitung* juge que « le compositeur s'est abandonné sans retenue à l'inspiration la plus admirable et la plus insolite de son imagination [...] et a eu recours à un art si profond et difficile que l'esprit sombre de l'ensemble se répercute sur le léger et le plaisant ». De bons musiciens, amateurs cependant, demandent grâce, effrayés par les difficultés d'exécution de ces œuvres, comme ce correspondant anglais de Beethoven, un certain George Thomson, qui lui écrit en français en 1818 ces mots naïfs et charmants : « Ne vous est-il pas possible de faire voir le pouvoir enchanteur de votre Art sous une forme plus simple ? Votre génie ne pourrait-il pas s'abaisser à la composition d'une musique également superbe, mais moins difficile quant à l'exécution, en sorte que les Amateurs puissent partager un festin si délicieux[4] ? »

En somme, un Beethoven à la portée de tous. Pour le coup, on ne sait ce que le maître répondit.

Prodigieuse année 1806. L'ami Stephan von Breuning a beau trouver Beethoven morose, mélancolique, déçu et blessé après l'échec de *Léonore*, l'activité créatrice qu'il déploie n'est guère le fait d'un déprimé. Il termine le *Quatrième Concerto pour piano* (op. 58), commencé l'année précédente, tellement lié dans sa conception et son atmosphère sonore à *Léonore*, notamment dans le célèbre deuxième mouvement, sombre dialogue, véritable combat entre le piano et l'orchestre, dont les accents font songer au grand air de Florestan, à la fin duquel il tombe épuisé. Quant au troisième mouvement de cette œuvre puissante, c'est une explosion de sonorités rythmées qui traduisent une joie sauvage, un emportement irrépressible.

Son concerto achevé, Beethoven s'en va trouver Ferdinand Ries, la partition sous le bras. Sans y mettre beaucoup de formes, tyrannique lorsqu'il s'agit de ses œuvres, il lui annonce : « Il faudrait que vous jouiez ceci samedi prochain, au Kärntnerthortheater[5]. » Cinq jours pour apprendre et répéter une telle œuvre, complexe et monumentale, c'est simplement impossible. Ries refuse. Beethoven se fâche, s'en va trouver Stein, un autre pianiste, qui accepte imprudemment. Bien sûr, le jour du concert, il n'est pas prêt. À la place, on joue le *Concerto en* ut *majeur* (le troisième). L'œuvre nouvelle sera finalement donnée en mars 1807, en même temps que la *Quatrième Symphonie*, Beethoven jouant lui-même au piano.

Son appétit de créer est insatiable. Il a atteint l'âge où Mozart est mort — trente-cinq ans. Comme un rappel. Combien de temps lui reste-t-il à vivre avec ce corps en perpétuelle défaillance ? Est-ce à Mozart qu'il pense en composant, durant cet été 1806, la radieuse *Quatrième Symphonie*, aussitôt après en avoir reçu la commande du comte Oppersdorff ? Une œuvre parfois déroutante, tendue à l'extrême, parfois baignant dans une atmosphère apaisée de quiétude réconciliée : en fait, note Élisabeth Brisson, une « véritable synthèse des innovations de *Fidelio*, du *Septième Quatuor* op. 59 n° 1 et de la *Troisième Symphonie* : une introduction lente "à la Florestan", le recours à un rythme typique des timbales dans le deuxième mouvement comme dans le *Septième Quatuor*, et, dans le finale, la répétition jusqu'à saturation d'accords dissonants identiques comme dans le premier mouvement de l'*Héroïque*[6] ». Une pause en somme — et quelle pause ! — avant d'expérimenter de nouvelles formes.

C'est durant ces mêmes mois qu'il jette sur le papier les premières esquisses de la *Cinquième Symphonie*, et de la *Sixième*, qui deviendra la *Pastorale*, dans la chaude quiétude de l'été, autour de Heiligenstadt...

L'automne venu, il se rend en Silésie, à l'invitation du prince Lichnowsky. Le moins que l'on puisse dire est que le séjour se termine mal.

Pendant qu'il séjourne en Silésie, dans le château du prince, Napoléon refuse de se rendre à l'ultimatum du roi de Prusse, stipulant que les troupes françaises doivent évacuer l'Allemagne. Le différend s'achève en conflit armé : le 14 octobre 1806, Napoléon écrase l'armée prussienne à Iéna, et les troupes françaises victorieuses occupent la Prusse. Selon les lois de la guerre, les soldats s'installent chez l'habitant, et des officiers français sont logés au château du prince. Beethoven en est-il courroucé ? C'est de ce moment que date sa fameuse sortie sur Napoléon, qu'il battrait s'il était aussi fin stratège que bon musicien. En homme du monde, le prince traite ses hôtes avec courtoisie, l'aristocratie sait vivre. Il prie même Beethoven, un soir, de jouer devant cet aréopage. Ludwig, bougon, refuse tout net. Le prince insiste, le musicien s'entête. Pas question d'offrir sa musique à ces soudards, aux officiers de l'homme qui l'a tant déçu. Pas question non plus d'endosser à nouveau le rôle d'artiste valet, dépendant du bon vouloir des maîtres. Le prince, mi-figue mi-raisin, menace Beethoven de le mettre aux arrêts : sans doute une plaisanterie sans finesse, et aussi un peu d'autoritarisme atavique de seigneur soucieux de ne pas perdre la face devant des militaires étrangers. Lichnowsky n'a pas habitué Beethoven à ces manières, lui qui allait le visiter sans faire de bruit, respectant son génie jusqu'à lui passer toutes ses extravagances. Mais la dispute s'envenime et Beethoven sort de ses gonds. Ries raconte :

Sans le comte Oppersdorff et quelques autres, on en serait venu à une rixe brutale, car Beethoven avait empoigné une chaise et allait la briser sur la tête du prince Lichnowsky, qui avait fait enfoncer la porte de la chambre de Beethoven, où ce dernier s'était verrouillé. Heureusement Oppersdorff se jeta entre eux[7].

Beethoven quitte le château du prince sur-le-champ, dans la nuit et le brouillard, à pied. Arrivé à la ville voisine, il prend aussitôt la malle pour Vienne. Mais avant de partir, il a tracé sur une feuille de papier ces mots rageurs, qu'il envoie à Lichnowsky : « Prince, ce que vous êtes, vous l'êtes par le hasard de la naissance. Ce que je suis, je le suis par moi. Des princes, il y en a et il y en aura toujours des milliers. Il n'y a qu'un Beethoven[8]. »

Cela ressemble à du Beaumarchais. On dit même qu'à Vienne, encore tremblant de colère, Beethoven brisa la statue du buste de Lichnowsky. Il faudra le tact et le doigté de la princesse Christine pour les réconcilier partiellement. Mais Lichnowsky cesse, à partir de ce jour, de subventionner Beethoven, mauvaise affaire. Et bien sûr, il ne sera plus question de jouer de la musique chez le prince.

Maladroit Beethoven. L'année suivante, un épisode pénible le place dans une situation embarrassante. Cette fois, il s'agit, si l'on peut dire, d'une histoire de femme.

À peine rentré à Vienne, après son départ fracassant de chez Lichnowsky, Beethoven se rend chez les Bigot, un couple d'amis qu'il connaît depuis 1804. Bigot de Morogues est bibliothécaire chez le comte Razoumovski, marié à une jeune pianiste talentueuse et charmante prénommée Marie. Il porte le manuscrit de la *sonate Appassionata*, sérieusement endommagé par une averse qui a inondé sa malle en rentrant de chez Lichnowsky. La jeune femme se met au piano, entreprend de déchiffrer la sonate et la joue sans aucune faute, au fur et à mesure de sa lecture. Puis elle demande à Ludwig de lui en faire cadeau.

Les mois passent. Beethoven est de plus en plus intime avec les Bigot. Au printemps de l'année 1807, il envoie à Marie une lettre dans laquelle il l'invite tout benoîtement à une promenade en voiture, en l'absence du mari : « Comme Bigot est probablement déjà dehors, nous ne pouvons sans doute pas l'emmener, mais y renoncer pour cela, Bigot lui-même ne l'exige sûrement pas. » Il garantit, bien entendu, la pureté de ses intentions, conseille d'emmailloter Caroline, le bébé du couple, « des pieds à la tête pour qu'il ne lui arrive rien ». « Adieu, conclut-il, et faites que ce plaisir égoïste me soit accordé, de partager, avec des personnes à qui je m'intéresse tant, la radieuse jouissance de la radieuse et belle nature[9]. » Nature à laquelle il est en train de rendre le plus beau des hommages en composant la *Symphonie pastorale*.

Le mari prend connaissance de la lettre et se fâche, peu sensible au tact beethovénien. Ludwig s'empresse alors d'écrire une autre longue lettre, mélange extravagant d'excuses, de serments d'amitié, de protestations de vertu : le jour n'est pas plus pur que le fond de son cœur, ses intentions sont innocentes : « Cher Bigot, chère Marie, *Jamais, jamais*, vous ne me trouverez vil. Depuis mon enfance j'ai appris à aimer la vertu, et tout ce qui est beau et bon[10]. »

« Ma seule morale est ma force[11] », disait-il. Dans les affaires de cœur, la spontanéité de ses sentiments fait mauvais ménage avec la morale ordinaire. Quand il aime, rien ne peut entraver la violence de ses affections, même un benêt de mari, même s'il ne se formule pas à lui-même la réalité de ses désirs. Ses excuses font sourire. « Les chaînes du mariage sont si lourdes, disait Alexandre Dumas fils, qu'il faut être deux pour les porter. Souvent trois[12]. » Il aurait bien fait le troisième.

À la fin de l'exceptionnelle année 1806, il écrit un concerto pour violon. *Le* concerto pour violon, sa seule œuvre dans le genre, peut-être le plus beau jamais composé, qui allie avec tant d'éclat la puissance de l'orchestre symphonique et la virtuosité. Tous les grands compositeurs du XIXe siècle qui s'essaieront à ce genre, de Mendelssohn à Brahms, de Tchaïkovski à Sibelius, chercheront à se situer par rapport à ce chef-d'œuvre. Le premier mouvement surprend d'emblée, avec son introduction confiée aux timbales, ce rythme qui se répète dans les deux thèmes où l'orchestre et le violon s'opposent moins qu'ils ne se fondent, dans un chant d'un lyrisme émouvant. Il a écrit ce concerto très vite, après son retour de Silésie, pour le violoniste Franz Clement, *Konzertmeister* de l'orchestre du théâtre. Plus tard, il reprendra la partie pour violon, récrira même les premier et troisième mouvements pour adapter au mieux cette œuvre aux possibilités du violon, probablement avec la collaboration du violoniste Pössinger. Il en écrira même en 1807 une belle transcription pour le piano, à la demande de Clementi, pour une publication à Londres.

Au moment où il écrivait le *Concerto pour violon,* il composait aussi pour le piano des *Variations sur un thème original* (WoO 80), qu'il estimait si peu qu'elles ne figurent pas dans les numéros d'opus de ses œuvres « officielles ». « Ô Beethoven, Beethoven, quel âne tu fais[13] ! » disait-il même à leur propos, ce qui, à les entendre, est pour le moins injuste...

Il a des soucis d'argent. La rupture avec le prince Lichnowsky, qui lui a coupé les vivres, n'arrange pas la précarité de sa situation. C'est vers cette époque, au début de 1807, qu'il se lie davantage avec un autre membre de la haute aristocratie, l'archiduc Rodolphe de Habsbourg, l'un des frères de l'empereur Franz. C'est à lui qu'est dédié le *Quatrième Concerto.* Ce jeune homme de dix-neuf ans devient l'élève de Beethoven, et aussi un peu son persécuteur, car il est du genre envahissant, débarquant à toute heure et exigeant sans cesse des dédicaces. Une relation ambiguë, comme souvent, Beethoven oscillant à l'égard de l'archiduc entre exaspération et reconnaissance, sinon parfois un peu d'obséquiosité fort inhabituelle chez lui. Mais, selon Schindler, le soutien de ce prince à son professeur admiré sera indéfectible face à ses ennemis, qui voudraient lui interdire l'accès à la cour de l'empereur à cause de ses opinions politiques.

La question de l'argent n'est pas résolue pour autant. L'année 1807 se passe en démarches harassantes auprès des éditeurs — notamment Ignaz

Pleyel à Paris — et il signe un contrat avec Clementi à Londres, villes où d'ailleurs il ne se rendra jamais. Mais les bénéfices des publications de ses œuvres sont maigres et aléatoires. C'est pourquoi il adresse une requête auprès de « l'honorable direction des théâtres impériaux et royaux de la Cour », par laquelle il propose ses services pour composer un opéra, et même une opérette, en échange d'un traitement annuel de 2 400 florins. On peut frémir à l'idée d'un Beethoven tombant dans l'opérette, pacte faustien où il aurait sans doute laissé beaucoup de lui-même. Mais l'opéra... Frustré par son échec au théâtre, il y pense encore, et de plus en plus. C'est en cette année 1807 qu'il écrit l'ouverture de *Coriolan*, échafaudant le projet de mettre en musique cette tragédie de la vengeance écrite par Shakespeare. Et il est fort impressionné par la première partie du *Faust* de Goethe, un sujet qui lui conviendrait si bien. Rêves sans lendemain : sa requête ne reçoit pas de réponse.

Sa première messe, en revanche, est composée en réponse à une commande du prince Esterházy, et elle est exécutée en septembre 1807 à Eisenstadt, là où Joseph Haydn a vécu pendant trente ans, et créé la plus grande partie de son œuvre immense. La messe de l'athée ? E. T. A. Hoffmann, le célèbre auteur des *Contes*, par ailleurs musicien et chef d'orchestre accompli, y voit tout sauf une messe, l'œuvre, dont il reconnaît le génie, n'étant pas conforme au « sévère style d'église[14] » : aucune forme fuguée, une absence totale de ces « moments d'effroi » qui marquent ordinairement le style liturgique. Il semble que cette messe n'ait pas recueilli l'approbation du prince Esterházy lors de son exécution : « Qu'avez-vous donc fait là ? » demande-t-il au compositeur, question badine que Beethoven prend fort mal, d'autant que Hummel, l'un de ses rivaux, présent à côté du prince, esquisse servilement un sourire ironique. À son habitude, Beethoven quitte Eisenstadt dans l'heure.

Les relations ne sont guère plus harmonieuses avec ses frères. Johann, le cadet, lui demande le remboursement d'un prêt de 1 500 florins, car ce Homais à la mode teutonne vient d'acheter une pharmacie à Linz. Ludwig ne peut rendre cet argent. Il demande à son frère Karl d'intervenir. Refus. Beethoven, dans une lettre à Gleichenstein, laisse éclater son dépit et sa colère : « Vous pouvez dire à mon frère que je ne lui écrirai certainement plus. [...] Dieu me préserve d'avoir jamais à accepter des bienfaits de mes frères[15]. »

Le baron Ignaz von Gleichenstein est un de ses confidents, rédacteur aux bureaux de la Cour. Son rôle, nouveau dans la vie de Beethoven, est important, car il se révèle un ami attentif et de bon conseil, notamment en matière de finances. Et c'est lui qui présente Beethoven à la famille Malfatti, pour le meilleur et pour le pire : un médecin qui le soignera, et sa nièce, Thérèse, dont il va tomber amoureux.

Mais c'est chez une autre femme, la comtesse Marie Erdödy, qu'il vient d'élire domicile durant

1 Vue de Bonn en 1790.
Gravure de Johann Ziegler.
Bonn, Beethoven-Haus.

2 Le père de Beethoven, Johann.
Vienne, Österreichische National
Bibliothek.

3 La mère de Beethoven,
Maria Magdalena Keverich.
Vienne, Österreichische National
Bibliothek.

« Jamais, jamais,
vous ne me trouverez
vil. Depuis mon enfance,
j'ai appris à aimer
la vertu, et tout
ce qui est beau et bon. »

4

5

4 Joseph Haydn, huile sur toile de Thomas Hardy, 1791.
Londres, Royal Academy of Music.

5 Le palais de Schönbrunn à Vienne vers 1820.
Vienne, Historisches Museum.

6 Sonate pour piano n° 23 dite *Appassionata*. Manuscrit autographe,
vers 1804-1806. Paris, Bibliothèque nationale de France.

7 Le comte Franz von Brunsvik, huile sur toile de Heinrich Thugut,
1820. Vienne, Wien Museum.

8 La comtesse Thérèse von Brunsvik, copie d'après l'œuvre
de J. B. von Lampi, 1806. Bonn, Beethoven-Haus.

Heiligenstadt
nach Ehr...
1862

9

10

9 Pages du « testament de Heiligenstadt » du 6 octobre 1802.
Bibliothèque de l'État et de l'université de Hambourg.

10 Vue de Heiligenstadt par Tobia, début du XIXᵉ siècle.
Vienne, Kunsthistorisches Museum.

11 La comtesse Giulietta Guicciardi. Miniature anonyme sur ivoire.
Bonn, Beethoven-Haus / Collection H. C. Bodmer.

12 Antoinette Brentano et ses enfants, pastel de Nikolaus Lauer, 1810.
Bonn, Beethoven-Haus.

« *Faites attention à celui-là,*
un jour, le monde parlera de lui. »
Mozart qui vient d'écouter jouer Beethoven,
alors âgé de dix-sept ans.

13 Bettina von Arnim, huile sur toile, anonyme. Weimar, Goethehaus.

14 Johann Wolfgang Goethe, huile sur toile de Gerhard von Kügelgen, 1808. Tartu, bibliothèque universitaire.

15 Salon de musique de Beethoven dans la Swarzerspanischhaus à Vienne. Dessin de Johann Nepomuk Hoechle, 1827. Vienne, Wien Museum.

16 Beethoven en 1818. Dessin d'August von Kloeber. Bonn, Beethoven-Haus / Collection H. C. Bodmer.

17 Masque en plâtre réalisé par Franz Klein en 1812. Bonn, Beethoven-Haus.

18 Beethoven tenant la partition de la *Missa solemnis*. Huile sur toile de Joseph Karl Stieler, 1819. Bonn, Beethoven-Haus.

« *Cherche un refuge dans la sagesse seule, car s'attacher aux résultats est source de malheur et de misère.* »

16

17

18

19

19 Pastel de Lucien Lévy-Dhurmer d'après le masque de 1812 (cf. la photo n°17), vers 1906. Paris, musée du Petit-Palais.

« Sans l'union des âmes, la jouissance des sens est et demeure un acte bestial. »

l'année 1808, ce qui lui épargne au moins pour un temps le souci du logis. Quant à la comtesse, c'est une étrange personne.

Anna Marie Erdödy est une jeune femme de vingt-neuf ans, fort belle d'après tous les témoignages, mariée à seize ans, bientôt séparée de son époux et à demi paralysée depuis la naissance de son premier enfant : elle passe le plus clair de son temps allongée et porte un corset orthopédique. Musicienne passionnée, elle accueille Beethoven chez elle, jouant d'après Trémont[16] un rôle semblable à celui de Mme d'Houdetot auprès de Jean-Jacques Rousseau : une confidente, une amie, une conscience. A-t-elle été sa maîtresse ? On peut en douter. De toute façon, le séjour de Beethoven chez Marie Erdödy sera bref, le musicien soupçonnant son hôtesse de payer un domestique en échange de faveurs sexuelles. D'ailleurs, la comtesse entretient également chez elle un certain Brauchle, à la fois son chambellan, son amant, et le précepteur de ses enfants. Un assez sombre personnage : il sera accusé plus tard d'avoir provoqué la mort des deux fils de la comtesse et causé le suicide de sa fille. Triste destin que celui de cette femme qui mourra en 1837, dans les vapeurs de l'opium.

Beethoven quittera rapidement cette maison, cette ambiance qu'il juge malsaine, non sans dédier à la comtesse ses deux *Trios* op. 70. Il se sent humilié, bafoué, peut-être une fois de plus rejeté en tant qu'amant. Ses rapports avec Marie Erdödy seront une suite de brouilles et de réconciliations :

en 1817, il lui dédiera les sonates pour violoncelle en ut et en ré op. 102.

Il déménage et s'installe dans un immeuble de la Walfischgasse — en fait un bordel. Il existe à Vienne un secteur d'études érudites bien particulier : les recensements des demeures que Beethoven occupa tout au long de sa vie dans cette ville. Les spécialistes les plus avisés en dénombrent pas moins d'une quarantaine, ce qui permet de poser des plaques sur les bâtiments encore debout, et quelquefois d'entretenir un petit musée. Parmi toutes ces demeures, celle de Heiligenstadt, qu'on espère authentique, est particulièrement émouvante et évocatrice. Étrange parcours que celui de ces demeures beethovéniennes : on suit les traces d'une vie errante, même dans le périmètre réduit de la ville impériale, comme une fuite permanente, une quête jamais achevée.

Une apothéose

En réalité, il est dans une impasse. Vienne est loin de lui offrir la fortune et les facilités qu'il pourrait légitimement en attendre. L'hostilité de certains membres de l'aristocratie, que son comportement incontrôlable et ses idées politiques exaspèrent, les réactions mitigées du public devant les formes nouvelles qu'il cherche à imposer, l'approche de la quarantaine, la solitude affective... Qui voudrait encore de lui ? Quelle femme accepterait de partager sa vie douloureuse, brouillonne, sa surdité croissante, ses horaires déréglés, ses foucades, ses colères, son caractère colérique ? Stephan von Breuning s'est marié avec la fille d'un ancien médecin de Beethoven, Julie Vering. Ludwig a dédié à son ami son *Concerto pour violon*, et à Julie la transcription qu'il vient d'en faire pour l'édition londonienne. Il a un temps fréquenté le jeune couple, passant des soirées à jouer de la musique avec eux, car Julie est une bonne pianiste. Puis plus rien. Plus de Ludwig. Breuning s'en étonne : se serait-il amouraché de sa jeune épouse ? C'est devenu chez lui une habitude, moins un fantasme de prédateur qu'une manière de s'approprier un peu de ce bonheur conjugal qui lui est refusé.

Il songe à quitter Vienne. Une proposition étrange vient de lui être transmise : le poste de *Kapellmeister* de l'État de Westphalie, sur le trône duquel s'est installé Jérôme Bonaparte, le plus jeune frère de l'Empereur. État d'opérette, roi d'opérette. Napoléon place les membres de sa famille, flanqués de quelques fonctionnaires français, à la tête d'États conquis par son ardeur militaire, et qu'il faut bien administrer en temps de paix. Situation intenable, fuite en avant : « Pourvou qué ça doure », disait Letizia, Mme Mère. Cela ne durera pas.

Mais Beethoven est très tenté. On lui promet un traitement alléchant. Tout a échoué, pense-t-il, sa vie à Vienne, ses amours, ses rêves de gloire et d'indépendance. Il peut bien remiser pour un temps ses pulsions antifrançaises et antinapoléoniennes. Dans une lettre à Breitkpof et Härtel, datée du 7 janvier 1809, il écrit : « Enfin, je me vois contraint, par des intrigues, cabales et bassesses de toute nature, à quitter la seule patrie allemande qui nous reste. Sur l'invitation de S.M. le roi de Westphalie, je pars comme chef d'orchestre [...][1]. »

La cabale n'est pas le seul fruit de son imagination. Son caractère entier et indépendant suscite une sourde hostilité, l'étrangeté de son œuvre, qu'on ne peut guère traiter par le mépris, fait naître des haines jalouses, mélange d'incompréhension et d'obscures envies. Il va donc à son tour devenir le

148

musicien valet d'un roitelet de raccroc, enchaîné à sa niche comme le chien de la fable.

Mais il veut quitter Vienne sur un coup d'éclat. Il y compte encore quelques amis. Et le 22 décembre 1808, au théâtre An der Wien, a lieu l'un des concerts les plus mémorables de toute l'histoire de la musique, celui que l'on ne se console pas d'avoir manqué, même pour la futile raison que l'on n'existait pas. Le programme, qui comprend pour l'essentiel des morceaux inédits, est insensé, et le concert durera plus de quatre heures. En première partie : la *Symphonie pastorale*, un lied, un extrait de la *Messe en ut* et le *Quatrième Concerto pour piano*. En seconde partie : la *Symphonie en ut mineur* (aujourd'hui la cinquième), un autre extrait de la *Messe en* ut, une fantaisie pour piano seul (op. 77), et enfin la *Fantaisie pour piano, chœur et orchestre*, avec le fameux thème qui annonce l'*Hymne à la joie* de la *Neuvième Symphonie*. C'est Beethoven lui-même qui tient le piano. Une apothéose, pour ce qu'il croit être ses adieux à Vienne.

L'orchestre du théâtre, qui lui est hostile, refuse qu'il assiste aux répétitions. Durant le concert, pendant l'exécution de la *Fantaisie pour piano, chœur et orchestre*, un incident survient, que raconte Ries :

Le clarinettiste, arrivant à un passage où le beau thème varié de la fin est déjà rentré, fit par mégarde une reprise de huit mesures. Comme alors peu d'instruments jouent, cette erreur d'exécution fut naturellement cruellement blessante pour les oreilles. Beethoven se leva tout furieux, se retourna, injuria les musiciens de l'orchestre de la manière la plus blessante, et si haut que tout le monde entendit. Enfin il s'écria : « Du commencement ! » Le thème fut repris. Tous allèrent bien et le succès fut éclatant[2].

Voilà au moins qui prouve qu'à cette époque, Beethoven entend encore passablement. Et le public, abasourdi, écoute ce torrent musical, cette incroyable brassée de chefs-d'œuvre, dont la *Cinquième Symphonie* (alors désignée comme la Sixième), ce coup de tonnerre dans le ciel musical avec ses quatre notes d'ouverture assénées comme « le destin qui frappe à la porte », aurait dit Beethoven lui-même.

Ce thème initial obsède Beethoven depuis longtemps. Il apparaît d'ailleurs déjà dans des œuvres antérieures, mais tout se passe comme si la composition de l'ouverture de *Coriolan*, peu de temps auparavant, avait tracé la voie d'une écriture musicale réellement tragique. Comme l'*Héroïque*, la *Cinquième Symphonie* dépasse et transcende la pompe et la boursouflure du genre héroïque pour atteindre en partant d'un « rien », comme le note André Boucourechliev, à l'équivalent musical des grandes tragédies antiques ou shakespeariennes. Simplement parce que, dans cette œuvre, il est question du combat héroïque de l'homme contre les forces du Destin, d'une victoire possible du créateur face à l'hostilité du sort : un argument prométhéen qu'on peut juger simpliste ou naïf, mais la puissance explosive de l'œuvre place l'auditeur dans un état de transe, de tension, de frayeur, d'enthousiasme qui cloue de stupeur les premiers auditeurs. D'où vient l'éclatant mystère de cette partition ? E. T. A. Hoffmann, encore lui, en a donné très tôt une analyse musicologique d'une grande finesse, qui lève un peu le voile, en particulier pour le premier mouvement, soulignant l'unité thématique de l'ensemble, d'une compacité et d'une rigueur de conception inédites jusqu'alors : « Toutes les phrases sont courtes ; elles ne comprennent que deux, trois mesures, et sont réparties en outre entre les cordes et les vents, qui alternent sans cesse. On pourrait croire que cette manière ne peut produire qu'une juxtaposition insaisissable d'éléments morcelés, mais c'est précisément cet agencement, ainsi que la répétition incessante de phrases courtes et d'accords isolés, qui retient l'âme prisonnière d'une indicible nostalgie[3]. » À propos du quatrième mouvement, au moment où l'orchestre reprend le thème triomphal après un silence qu'on pensait définitif, il note : « C'est comme un feu qu'on croyait étouffé, et dont les hautes flammes claires ne cessent de renaître[4]. »

J'ai évité jusqu'à présent, à dessein, de parler de romantisme à propos de Beethoven. Contemporain de Goethe, de Schiller, de Byron, de Chateaubriand, il est immergé dans ce vaste mouvement esthétique et politique européen qui vise à l'émancipation individuelle par le culte du moi, la revendication de la liberté, la célébration de la nature ; à certains égards il l'illustre, et tout à la fois le dépasse. Beethoven n'est pas plus un « romantique »

que Cézanne n'est un « impressionniste » ou Flaubert un « naturaliste ». Pas moins non plus. La *Cinquième Symphonie*, par sa tonalité, ses accents mêlant l'héroïsme individuel, le sublime, la mélancolie, s'apprécie comme un manifeste romantique très personnel. Mais c'est aussi un tel coup de force qu'elle est sans véritable héritage.

Beethoven le sait. On sait toujours ces choses, surtout quand on les a faites, le mythe de l'artiste inconscient ou irresponsable, guidé par la seule inspiration, étant pour le coup une belle ânerie pseudo-romantique : la *Cinquième* est le fruit, et la récompense, d'un travail de titan. Ce qui ne prive pas Beethoven de son sens de l'humour et de sa lucidité : au moment de corriger son œuvre pour publication, il déclara qu'il était « tout à fait légitime de corriger ses œuvres quand on ne se prenait pas pour Dieu[5] ».

Romantique, la *Sixième Symphonie*, cette merveilleuse *Pastorale*, autre « gros morceau » du concert du 22 décembre 1808 ? Bien sûr, la célébration de la nature, consolatrice ou inquiétante, hostile ou apaisante, reflet de l'âme humaine, de ses bonheurs, de ses tourments, de son rapport au monde et au Créateur, est le thème romantique par définition, son cœur même.

Le titre est bien de Beethoven, fait assez rare pour être signalé. Elle fait pendant à la *Cinquième Symphonie* : après l'expression du tragique et de la révolte, le consentement à la vie ; la *Pastorale* se veut un « portrait musical de la nature », influencé notamment par la lecture de Goethe. Mais Ludwig sait aussi combien est naïve et vaine la prétention d'« imiter la nature » par des moyens sonores : « Plutôt expression de la sensation que peinture[6] », note-t-il en marge de son œuvre. Ou encore : « La *Symphonie Pastorale* n'est pas un tableau ; on y trouve exprimées, en nuances particulières, les impressions que l'homme goûte à la campagne[7]. » Car le meilleur moyen d'imiter la nature, comme l'a dit Goethe, c'est de créer...

La *Pastorale* est pourtant bel et bien une symphonie à programme, où se glissent quelques imitations, de chants d'oiseau par exemple, même si « tout spectacle perd à vouloir être reproduit trop fidèlement dans une composition musicale » : « Éveil d'impressions agréables en arrivant à la campagne », « Scènes au bord du ruisseau »... « L'orage » s'est attiré les foudres de quelques critiques. Claude Debussy, dans *Monsieur Croche,* reproche à Beethoven d'être « responsable d'une époque où l'on ne voyait la nature qu'à travers les livres... Cela se vérifie dans "L'Orage" [...], où la terreur des êtres et des choses se drape dans les plis du manteau romantique, pendant que roule un tonnerre pas trop sérieux[8] ».

Debussy, parfois, pense mieux en musique que sur la musique.

Jours de guerre

Finalement, Beethoven ne quitte pas Vienne. Soit le projet de départ s'est perdu dans les sables, soit il a renoncé au dernier moment à occuper ce poste à Kassel en Westphalie, c'est-à-dire nulle part. Il est vrai qu'une bonne fée est intervenue à point nommé : Marie Erdödy, chez qui il vit encore. Elle a plaidé la cause de Ludwig auprès d'amis fortunés : l'archiduc Rodolphe, le prince Kinsky et le prince Lobkowitz s'engagent à verser à l'artiste une pension de 4 000 florins par an, à condition qu'il reste à Vienne et continue à donner des leçons à l'archiduc.

Il l'a échappé belle. Le projet Kassel était une impasse. La guerre menace à nouveau entre l'Autriche et la France. Au mois de mars 1809, à Vienne, on mobilise. L'intention proclamée est de chasser les Français. Beethoven a entrepris la composition d'un nouveau concerto pour piano qui sera son dernier, et le plus beau, celui qu'on appelle *L'Empereur*, titre particulièrement malvenu, sauf si on le comprend au sens d'empereur des concertos. À ce moment, il ne peut guère concerner Napoléon.

En marge de la partition, Beethoven trace ces exclamations belliqueuses : « Chant de victoire pour le combat — Attaque ! Victoire ! » On sait qu'en musique, et tout particulièrement chez Beethoven, c'est la tonalité qui détermine l'atmosphère de l'œuvre : pour le *concerto L'Empereur*, il choisit la tonalité de mi bémol majeur : l'œuvre, cette cathédrale du concerto pour piano, est un chant de triomphe.

Une dispute violente, une de plus, l'éloigne de son cher élève Ries. Ce dernier s'est vu proposer le poste en Westphalie que Beethoven a refusé, ou auquel on a renoncé pour lui. Il prend fort mal la chose, accusant Ries de vouloir lui voler sa place. Mauvaise foi ? Malentendu ? Une visite de Ries, qui veut s'expliquer, s'achève en pugilat avec le domestique de Beethoven qui finit par livrer sa pensée : il croyait que Ries agissait derrière son dos.

Après sa rupture avec la comtesse Erdödy, il s'installe dans une maison, sur les remparts de Vienne, qu'il avait déjà brièvement occupée en 1804. De là, il est aux premières loges pour assister aux événements. En mai 1808, Vienne est assiégée par les troupes françaises, qui ont vaincu les Autrichiens en Bavière. La famille impériale s'enfuit. Beethoven enrage de ne pouvoir en faire autant, mais son contrat le retient à Vienne. Il écrit à Franz von Brunsvik :

Ô décret malheureux, enchanteur comme une sirène, contre lequel j'aurais dû me boucher les oreilles avec de la cire et me faire lier fortement comme Ulysse, pour m'empêcher de signer ! [...] Adieu, cher frère, sois-le pour moi, je n'en ai pas d'autre que je puisse nommer ainsi. Fais du bien autour de toi, comme ce temps mauvais te le permet[1].

Le 11 mai 1809, Vienne est bombardée. Le bruit du canon est une torture pour les oreilles malades du compositeur. Le 13, la ville est occupée. Il faudra à Napoléon deux batailles terribles, Essling qu'il perd le 22 mai, puis Wagram qu'il remporte de 6 juillet, avant que ses troupes ne s'installent vraiment à Vienne : six mois d'une occupation humiliante, marquée par les pillages, les difficultés de ravitaillement, les vexations quotidiennes. Et ces « impôts de guerre » imposés par Napoléon, qui ressemblent furieusement à un racket de bandit corse. Beethoven sera même arrêté, soupçonné d'espionnage parce qu'on l'a vu prendre des notes dans son carnet de composition. Ses esquisses musicales sont peut-être des messages chiffrés ?

C'est de cette période que date la *Sonate pour piano* op. 81, *Les Adieux*. Adieu à « l'archiduc vénéré », Rodolphe, qui a quitté Vienne le 4 mai 1809, le troisième mouvement, « Le retour », fêtant sa réapparition...

Joseph Haydn meurt le 31 mai 1809, désespéré par cette situation de défaite et d'occupation, au son de l'hymne national qu'il a composé, et que l'on joue à sa demande pendant qu'il agonise.

Sombres mois de 1809. Beethoven est contraint de passer l'été en ville, lui qui aime tant les villégiatures estivales au sein de sa chère nature. Il a beaucoup de mal à composer, comme s'il devait observer une pause après ces années de travail intense qui ont vu naître tant de chefs-d'œuvre. Il lit. De la musique et de la poésie : Haendel, Mozart, Bach, dont il demande à un éditeur de lui envoyer les partitions ; Goethe, Schiller et Homère — inlassablement. Il se lie d'amitié avec un Français, le baron de Trémont, auditeur au Conseil d'État missionné auprès de Napoléon, qui admire profondément sa musique et voudrait l'emmener en France. Beethoven est patriote, mais il ignore les mesquineries nationalistes. La France est l'ennemie, pas tous les Français.

Il n'a pas renoncé à ses projets matrimoniaux. Après la signature du contrat qui fait de lui, croit-il, un parti fréquentable, il a même écrit à son ami Gleichenstein pour lui demander de lui trouver « une belle qui accorde peut-être ses soupirs à [ses] harmonies ». « Mais, ajoute-t-il, il faut qu'elle soit belle, je ne peux rien aimer sinon de beau — autrement je serais obligé de m'aimer moi-même[2]. »

Cette belle qui saura combler son âge mûr, il pense l'avoir trouvée en la personne de Thérèse Malfatti, la jeune nièce de son médecin. À quel moment l'amour l'a-t-il foudroyé, au point de lui faire envisager une fois de plus le mariage ? Sans doute au printemps 1810, car il a passé un hiver souffrant, affaibli par les privations qu'a imposées le séjour à Vienne des cent vingt mille hommes de l'armée napoléonienne. Il est désabusé, blessé par les événements récents, par la défaite de l'Autriche...

Mais le printemps venu, il écrit à Thérèse une lettre qui ne laisse guère de doutes sur ses sentiments. Il badine, évoque « l'être éloigné qui vit en nous », encourage Thérèse dans ses talents musicaux, lui prodigue quelques conseils de lecture. À Zmeskall, il demande un miroir pour soigner sa mise, et à Wegeler de lui envoyer de Bonn son acte de baptême ! La demande en mariage est proche.

Peu de temps après, c'est la douche froide : le clan Malfatti a refusé le mariage. À commencer sans doute par Thérèse, qui n'éprouve pour Ludwig aucun sentiment, sinon du respect. Puis les parents. Et l'oncle enfin, le médecin, qui voit en Beethoven « un type aux idées confuses[3] ». « La nouvelle que tu me donnes m'a précipité des régions de la plus haute extase dans une chute profonde[4] », écrit-il à Gleichenstein en apprenant sa disgrâce.

C'est pourtant quand il croit que tout est perdu qu'il va faire une des plus belles rencontres de sa vie.

Bettina et Goethe

Bettina Brentano appartient à une riche famille de Francfort. Son père, bourgeois fortuné qui affirme descendre des Visconti, a épousé en secondes noces la belle Maximiliana de Laroche, la mère de Bettina. Maximiliana, quand elle avait seize ans, fut aimée de Goethe avant d'épouser Pierre-Antoine Brentano. Amour platonique ? On dit que son mariage inspira à Goethe *Les Souffrances du jeune Werther*.

Bettina, âgée de vingt-cinq ans en 1810, est elle aussi une amie de Goethe. C'est une jeune femme remarquable : cultivée, musicienne, passionnée de poésie, ouverte aux idées nouvelles et vibrant avec ferveur aux idéaux du romantisme. Goethe est son maître à penser, Beethoven son idole. Au cours d'un séjour à Vienne chez son frère Franz von Brentano, elle cherche à le rencontrer.

Franz von Brentano, banquier à Francfort qui vit à Vienne pour quelque temps, est marié à Antonie von Birkenstock. Beethoven est ami du couple. Il rend souvent visite à Antonie, qu'on dit de santé fragile, pour lui jouer du piano. C'est peut-être avec elle que Bettina se rend la première fois chez le compositeur.

Il existe toute une littérature sur Bettina, une des candidates au titre d'« Immortelle Bien-Aimée » de Beethoven. De leur rencontre au printemps 1810, elle a laissé elle-même des témoignages captivants et précieux sur le Beethoven de cette année-là, celle de sa quarantaine... Le seul problème est qu'une lettre censément écrite à Goethe en 1810 aurait été en fait rédigée en 1835. De quoi occuper les exégètes qui, en matière d'études beethovéniennes, font parfois penser à des théologiens qui échafaudent sur du rien des hypothèses de songe-creux. Quoi qu'il en soit, les textes laissés par Bettina sont les plus beaux écrits sur Beethoven, comme le montrent ces quelques extraits. D'abord cette lettre à Anton Bihler, datée du 9 juillet 1810 :

Je n'ai connu Beethoven que dans les derniers jours de mon séjour à Vienne ; j'ai failli ne pas le voir, car personne ne voulait m'amener à lui, même ceux qui se disaient ses meilleurs amis, par crainte à vrai dire de la mélancolie qui le gêne tellement qu'il ne s'intéresse à rien et qu'il témoigne aux étrangers plus de grossièreté que de politesse. [...] Personne ne savait où il habitait ; il se tenait souvent absolument caché. — Sa demeure est tout à fait remarquable : dans la première pièce, deux ou trois pianos, tous posés par terre sans pieds, des coffres où sont ses affaires, une chaise à trois pieds ; dans la deuxième pièce, son lit, qui, hiver comme été, consiste en une paillasse et une mince couverture, une cuvette sur une table de sapin, les vêtements de nuit sur le plancher.

Nous avons attendu là une bonne demi-heure, car il était justement en train de se raser. Enfin il arriva. De sa personne il est petit (si grands que soient son esprit et son cœur), brun, marqué de petite vérole, ce qu'on appelle : laid, mais il a un front céleste, si noblement modelé par l'harmonie que l'on pourrait le contempler comme une magnifique œuvre d'art, des cheveux noirs, très longs, qu'il rejette en arrière ; il semble avoir à peine trente ans ; lui-même ne sait pas son âge mais pense avoir trente-cinq ans.

[...] Cet homme a une prétendue fierté qui fait qu'il ne joue par complaisance ni pour l'empereur ni pour les ducs qui lui font en vain une pension, et, dans tout Vienne, il est très rare de l'entendre. Comme je le priais de jouer, il répondit : « Eh bien, pourquoi donc dois-je jouer ? — Parce que j'aime remplir ma vie de choses magnifiques, et parce que votre jeu fera époque dans ma vie », dis-je.

[...] Tout à coup il oublia tout ce qui l'entourait, et son âme s'épancha dans un océan d'harmonie. J'ai pris pour cet homme une tendresse infinie. Pour tout ce qui regarde l'art, il est tellement un seigneur et si vrai qu'aucun artiste ne peut s'en approcher. Mais dans le reste de sa vie, il est si naïf qu'on peut lui faire ce qu'on veut. Sa distraction est un objet de risée ; on en profite tellement qu'il a rarement assez d'argent pour se procurer le strict nécessaire. Amis et frères l'exploitent ; ses vêtements sont déchirés, il a l'air complètement déguenillé, et cependant son aspect est imposant et magnifique[1].

Les mots de la jeune femme trahissent un amour naissant, sinon un coup de foudre, avec un certain goût pour l'exaltation et le sublime. Mais le portrait est saisissant. Dans la fameuse lettre à Goethe, dont la date est incertaine, Bettina donne une large place aux propos rapportés de Beethoven lui-même. Il s'agit bien sûr d'une reconstitution, peut-être à partir de notes prises au cours de leurs conversations, ou peu après. Le ton en est constamment élevé, ce qui ne correspond guère à ce qu'on sait de la parlure beethovénienne, beaucoup plus rugueuse. Mais sur le fond se dessine l'art musical et poétique de Beethoven. Après un long hommage à Goethe, qu'il rêve de rencontrer, le musicien parle de sa vision du monde par la musique :

L'esprit s'étend jusqu'à une généralité sans limites, il se forme toute une couche de sentiments suscités par la simple pensée musicale qui autrement s'éteindraient sans laisser de traces. C'est là l'harmonie. Voilà ce qui se trouve exprimé dans mes symphonies ; mélange de formes multiples qui se fondant et s'amalgamant en un tout, se dirigent ensemble vers le même but. Alors vraiment la présence de quelque chose d'éternel, d'infini, d'insaisissable se fait sentir, et bien que pénétré, à chacune de mes œuvres, du sentiment de la réussite, pourtant, au moment où le dernier coup de timbales impose à mes auditeurs ma conviction et ma jouissance, j'éprouve, comme un enfant, l'éternel besoin de recommencer ce qui me paraît achevé. Parlez de moi à Goethe ! dites-lui qu'il doit entendre mes symphonies ! Il m'accordera que la musique est l'unique, l'immatérielle entrée dans un monde plus haut du savoir, dont l'homme est enveloppé sans qu'il puisse le saisir. Pour que l'esprit puisse la concevoir dans son essence, il faut qu'il ait le sentiment du rythme ; grâce à la musique, nous avons le pressentiment, l'inspiration des choses divines. Et ce que l'esprit reçoit d'elle par les sens, c'est une révélation spirituelle incarnée[2].

Peut-être plus du Bettina que du Ludwig. Qu'importe. Beethoven est charmé de la fascination qu'il exerce sur cette jeune personne de si grand talent. Et puis, c'est l'amie intime de Goethe, dont il vénère l'œuvre… « Parlez de moi à Goethe ! » Par elle, il espère entrer en contact avec son grand homme, le rencontrer peut-être. Il lui faudra attendre encore deux ans.

Il a mis en musique des poèmes de Goethe dans les années précédentes : quatre mélodies pour soprano et piano (WoO 134), rassemblées sous le titre *Sehnsucht* (« Aspiration ») ; des lieder (op. 75), dont *Kennst du das Land*, qu'il chante lui-même à Bettina Brentano quand elle vient le visiter ; et les trois lieder opus 83, qu'il enverra à Goethe par l'intermédiaire de Bettina, sans recevoir réponse ni remerciements : pour Goethe, l'attention et la courtoisie ne sont pas des vertus cardinales. Et il vient de composer la musique d'*Egmont*, d'après l'œuvre du même Goethe, glorification d'un héros luttant pour la liberté. Sur ce texte, il a conçu une musique grandiose, épique. Contemporaine du *concerto L'Empereur*, elle est un peu négligée, à tort, par les interprètes et les mélomanes. Egmont, c'est ce héros du peuple qui refuse les intrigues politiques ourdies par Machiavel, par fidélité à son idéal. Situé à Bruxelles au milieu du XVIe siècle, le drame de Goethe met en scène l'échec de cette attitude face à la rouerie de Guillaume d'Orange, son compagnon qui le trahit, et la cruauté du duc d'Albe. Egmont accepte de mourir pour le peuple, au nom de la liberté. Sur ce sujet qui lui ressemble tant, Beethoven a écrit une musique de scène empreinte d'idéalisme héroïque, tendue à l'extrême, une véritable symphonie en dix morceaux qui, malgré la mort du héros, s'achève en chant de victoire.

Entre Bettina Brentano, Beethoven et Goethe, s'engage une partie dont Goethe ne sort pas grandi, opposant son indifférence de gloire consacrée à l'enthousiasme admiratif du compositeur.

Le séjour de Bettina à Vienne est bref, mais Beethoven est comme ragaillardi par cette rencontre. Au début de l'été 1810, il travaille à son *Onzième Quatuor*, une œuvre magnifique et sombre, marquée par de puissantes oppositions, qui s'achève sur un mouvement triomphal rappelant beaucoup l'ouverture d'*Egmont*. « Le bonheur me poursuit, écrit-il à Zmeskall le 9 juillet 1810, et j'ai déjà peur pour cette raison d'un nouveau malheur[3]. »

Le bonheur ? C'est sans doute sa rencontre avec Bettina, dont l'éblouissement se prolonge. Malgré des soucis d'argent (ses mécènes, ruinés par la guerre, rechignent à lui verser sa rente : « Quelque chose de plus petit que nos Grands, ça n'existe pas[4] », maugrée-t-il), il semble reprendre espoir. Est-il amoureux de Bettina ? Une lettre qu'il lui écrit le 11 août 1810 ne laisse guère de doutes : « Pas de printemps plus beau que cette année, je vous le dis et je le sens aussi, parce que j'ai fait votre connaissance[5]. » Elle est « un ange », il lui donne du « Bettina chérie », demandant au passage si elle a parlé de lui à Goethe... « Depuis que vous êtes partie, j'ai eu des heures de chagrin, des heures d'ombre où on ne peut rien faire[6]. » Si ce n'est pas de l'amour, cela y ressemble fort.

Ce que Ludwig ignore sans doute, c'est que Bettina est courtisée depuis de longs mois par Achim von Arnim, poète. Elle résiste, ne l'aimant guère. Elle finira pourtant par l'épouser l'année suivante

— un mariage de raison. Amour manqué ? Sa lettre à Bihler la montre fortement troublée, sinon plus, par sa rencontre avec Beethoven. Mais elle est loin...

En ce mois d'août 1810, justement, elle séjourne à Teplice, en Bohême, auprès de Goethe. Si l'on en croit Romain Rolland, le comportement du grand homme avec la jeune femme n'est guère reluisant : Goethe a la vieillesse lubrique et la main leste. Bettina en profite pour lui parler incessamment de Beethoven, sans que cela l'émeuve outre mesure. Goethe, génie de la poésie, du théâtre, du roman, phare de la pensée, esprit universel, a un défaut : il n'entend pas grand-chose à la musique. Lui dont les plus grands compositeurs, en particulier Franz Schubert, habilleront les vers de sublimes mélodies, se montre peu sensible au génie musical. Sans doute est-il mal entouré : son « conseiller musical » et ami, Zelter, professeur d'harmonie, musicien assez borné et passablement bigot, voit dans l'oratorio *Le Christ au mont des Oliviers* « une impudicité dont le fond et le but sont la mort éternelle[7] ». Ce solennel crétin reproche à Beethoven d'« empoigner la massue d'Hercule pour écraser des mouches », et « hausse les épaules devant l'étalage de ce talent qui ne vise qu'à donner de la consistance à des bagatelles[8] ». Avec de pareils jugements, la réputation de Beethoven auprès de Goethe est faite. Bettina en est révoltée. En décembre 1810, elle écrit à Goethe une lettre violente où elle ne cache rien de ce qu'elle pense de Zelter : une lettre enflammée, presque un manifeste :

Zelter doit éviter de s'opposer à Beethoven ; il se raidit en face de la musique, comme une pièce de bois. Ce qui est connu, il le tolère, non parce qu'il le comprend, mais parce qu'il y est accoutumé, comme l'âne à sa charge quotidienne. [...] Chaque art se fait fort de repousser la mort, de guider l'homme au firmament ; mais, là où les philistins montent la garde autour, il se tient humilié et la tête tondue : ce qui doit être libre volonté et libre vie n'est plus que mécanisme ; et dès lors, on a beau attendre et croire et espérer, il n'en sortira rien[9].

Goethe reçoit cette lettre avec placidité et répond simplement à Bettina : « Tu te fabriques, dans ta petite caboche, des lubies invraisemblables — pour lesquelles je ne veux pas te faire la leçon ni te chagriner[10]. » Quelques mois plus tard, mariée, et se décidant enfin à l'avouer à Goethe, elle reprend ses assauts en faveur de Beethoven, sans beaucoup plus de succès : Goethe fait la sourde oreille.

Beethoven est un homme sans position sociale éminente, sans fortune. Il n'a ni l'entregent ni le génie de l'imposture qui propulsent les carrières. Pour Son Excellence le Conseiller Goethe, cela ne plaide guère en sa faveur. Et puis sa musique... Il se peut même que l'insistance dévote que manifeste Bettina ait fini par agacer Goethe, d'autant que leurs relations ne sont plus au beau fixe. Mais Bettina n'est pas la seule à souhaiter la rencontre de ces deux hautes figures du génie allemand : Beethoven compte parmi ses amis un jeune homme d'excellente famille, Franz Oliva, banquier de son état, ce qui ne l'empêche pas d'être un musicien cultivé. Il tient parfois auprès de Beethoven, comme d'autres, le rôle de secrétaire. Et il se voit chargé de jouer les messagers auprès de Goethe pour lui apporter une lettre de Ludwig, décidément obstiné. Une lettre où il fait montre d'ailleurs d'une grande humilité : « Bettina Brentano m'a assuré que vous m'accueilleriez avec bienveillance, voire même avec amitié. Mais comment pourrais-je penser à un tel accueil, alors que je suis seulement capable de m'approcher de vous avec le plus grand respect, avec un inexprimable et profond sentiment pour vos magnifiques créations[11] ? »

Goethe reçoit la lettre le 4 mai 1811. Cette fois, il va répondre, en prenant son temps. Et Beethoven, deux mois plus tard, reçoit enfin le signe qu'il a tant attendu : le grand homme a reçu sa lettre amicale, par l'intermédiaire de *Herr* von Oliva, avec un grand plaisir, n'ayant jamais entendu aucune de ses œuvres, jouées par de grands artistes, sans espérer d'avoir un jour l'occasion d'admirer leur auteur au piano et se délecter de ses extraordinaires talents. Et il poursuit : « La bonne Bettina mérite bien la sympathie que vous lui avez témoignée. Elle parle de vous avec transport et avec la sympathie la plus vive. Elle compte les heures qu'elle a passées avec vous parmi les plus heureuses de sa vie. [...] Certainement vous trouverez à Weimar une réception digne de vos mérites. Mais personne ne peut être plus intéressé à votre venue que moi, qui vous dis mon cordial merci pour tant de bien que j'ai déjà reçu de vous[12]. »

Ces mots sont un modèle d'hypocrisie diplomatique, mais Beethoven exulte. Goethe, l'immense Goethe lui a répondu ! Sans doute modérerait-il son enthousiasme s'il savait ce que l'écrivain a dit de sa musique à Sulpiz Boisserée, un de ses amis, pendant la visite d'Oliva, qui lui jouait une de ses œuvres au piano : « *Ça* veut tout embrasser, et *ça* se perd toujours dans l'élémentaire. À la vérité, des beautés infinies dans le détail. [...] Qui se tient ainsi sur la bascule doit périr ou devenir fou. [...] Pour nous, vieux, c'est à devenir fous furieux quand il nous faut voir autour de nous ce monde en déliquescence, qui retourne aux éléments, jusqu'à ce que — Dieu sait quand ? — un renouveau apparaisse[13]. » Un homme des Lumières, qui voit mourir le monde ancien sous les coups de boutoir du romantisme qu'il a contribué à asséner, et qui ne s'en console pas. Et les rencontres avec Goethe, brèves et orageuses, n'auront lieu que l'année suivante.

L'œuvre la plus marquante de cette année 1811 est le *trio* op. 97 pour piano, violon et violoncelle *À l'archiduc* dédié à l'archiduc Rodolphe : une composition majeure de la musique de chambre, ample et lyrique, d'une expressivité empreinte de mesure et de noblesse. Il l'écrit au mois de mars, pendant que l'archiduc, blessé à un doigt et occupé à des festivités, se montre moins présent et avide de leçons. Il compose aussi deux œuvres de commande, *Les Ruines d'Athènes* et *Le Roi Étienne*, pour l'inauguration du Théâtre national et impérial de Pest, en Hongrie. Sa démarche est intéressée : il voudrait obtenir un poste de maître de chapelle, car la Diète de Hongrie, qui doit désigner un nouveau primat, songe à l'archiduc Rodolphe. Il écourtera un séjour à Teplice pour apprendre que le projet est abandonné, l'archiduc ayant refusé le poste. Des œuvres pour rien ? Qui n'a pas vibré, pourtant, aux accents de la marche turque des *Ruines d'Athènes* ne sait pas ce qu'est l'extase dionysiaque en musique...

L'Immortelle Bien-Aimée

À l'été 1811, donc, Beethoven séjourne pour la première fois à Teplice, en Bohême. C'est une ville thermale, où l'on soigne en particulier l'asthénie : le médecin de Beethoven lui a conseillé cette cure pour soigner sa surdité que l'on pense due à un manque de dynamisme des zones de l'audition. Étranges errances de la médecine.

Qui a dit qu'il n'était qu'un ours intraitable ? Teplice est fréquentée par la bonne société, des gens « de qualité » qui le rapprochent un peu de Goethe, toujours inaccessible. Il y fait des rencontres importantes, Rahel Levin et son fiancé, l'écrivain Karl-August Varnhagen von Ense. Brillante, cultivée, Rahel appartient au milieu de la finance juive et tient à Berlin un salon renommé où se réunit la fine fleur du romantisme. Tous deux sont des amis de Goethe qui apprécie les gens fortunés. Rahel est d'une quinzaine d'années plus âgée que son fiancé, ce qui en fait un couple improbable et fragile, Varnhagen étant assez porté sur le beau sexe. Mais ils se lient avec Beethoven, et Varnha-

gen écrit sur le musicien des mots extrêmement
chaleureux :

> Dans les derniers jours de l'été, j'ai fait à Teplice la connais-
> sance de Beethoven, et j'ai rencontré en cet homme qui passe
> à tort pour être sauvage et insociable un admirable artiste au
> cœur d'or, un esprit sublime et une amitié généreuse. Ce qu'il
> a refusé avec obstination à des princes, il nous l'a généreuse-
> ment accordé, du premier coup : il nous a joué du piano. Je fus
> bientôt intime avec lui, et son noble caractère, l'effluve inin-
> terrompu d'un souffle divin que je croyais ressentir avec un
> saint respect dans son entourage immédiat, et d'ailleurs très
> paisible, m'attachèrent si fortement à lui que je ne faisais pas
> attention, de tout le jour, à l'incommodité de son commerce
> qui devint bientôt fatigant à cause de sa surdité[1].

Quant à Rahel... Y a-t-il eu une romance entre
eux, en cet été 1811, tandis que le jeune poète court
les jeunes beautés ? Certains l'ont pensé, Beethoven aimant à vivre à l'ombre des maris ou des
fiancés, bon prétexte pour ne pas s'engager trop
avant. Il est plus probable, quoique l'un n'empêche pas l'autre, que Beethoven, à Teplice, fut fort
impressionné — et attiré par une jeune personne
qui accompagne le poète Tiedge, auteur de *An die
Hoffnung* qu'il a mis en musique en 1804 pour
Joséphine Deym : il s'agit d'Amalie Sebald, une
cantatrice pour laquelle Beethoven a brièvement
nourri de tendres sentiments, comme l'atteste une
lettre à Tiedge : « À Amalie, un bon baiser brûlant,
si personne ne nous voit[2]. » Certains ont même
vu en Amalie « L'Immortelle Bien-Aimée », cette
femme mystérieuse qui lui inspirera, l'année suivante, la lettre qui a fait couler tant d'encre.

Elle date, cette lettre, des premiers jours de juillet

1812. Beethoven a passé une année exaspérante. Les soucis d'argent le taraudent. La guerre a laissé l'Autriche sur le flanc et il faut procéder à une dévaluation drastique : la rente de Beethoven ne vaut presque plus rien. Il fulmine contre les Viennois, contre la « barbarie autrichienne[3] », caresse de nouveaux projets de départ, rapidement avortés. Il a envisagé de partir pour l'Angleterre, d'autant que la guerre menace à nouveau : Napoléon se prépare à marcher vers la Russie.

Au début de juillet, après un passage à Prague, Beethoven se retrouve à Teplice.

À la mort de Beethoven, on a retrouvé dans ses papiers — avec le *Testament de Heiligenstadt* — cette lettre. S'il manquait un document pour habiller d'un peu de légende une vie somme toute difficile et malheureuse, le manque est comblé. La lettre a suscité presque autant de questionnements, d'exégèses, de suppositions, de conjectures, d'hypothèses, qu'un évangile. Elle ne nous apprend rien sur Beethoven, son caractère, ses réactions amoureuses, que nous ne subodorions. Elle enveloppe simplement un moment de sa vie de ce mystère qui parachève les destinées. Beethoven est arrivé à Teplice le 5 juillet, à quatre heures du matin, après un voyage difficile. Le lendemain, il écrit :

Le 6 juillet, au matin

Mon ange, mon tout, mon moi, quelques mots seulement aujourd'hui et même au crayon (avec le tien) ; ce n'est pas avant demain que mon logement sera définitivement arrêté ; quelle misérable perte de temps pour de telles choses ! Mais pourquoi ce profond chagrin alors que la nécessité parle ? Notre amour ne peut-il exister autrement que par des sacrifices, par l'obligation de ne pas tout demander, peux-tu faire autrement que tu ne sois pas toute à moi et moi à toi ? — Ah Dieu, contemple la belle nature et tranquillise tes esprits sur ce qui doit être, — l'amour exige tout et avec toute raison, ainsi en est-il de moi avec toi, de toi avec moi, — mais tu oublies si légèrement que je dois vivre pour moi et pour toi — si nous étions tout à fait réunis, tu éprouverais aussi peu que moi cette douleur. — Mon voyage a été terrible ! Je ne suis arrivé ici qu'hier à quatre heures du matin ! Comme on manquait de chevaux, la poste a pris une autre route, mais quel chemin épouvantable ; à l'avant-dernier relais, on me conseilla de ne pas voyager de nuit — on me parla, pour m'effrayer, d'une forêt à traverser, cela n'a fait que m'exciter, et j'ai eu tort, la voiture aurait dû se briser dans ce terrible chemin, simple chemin de terre défoncé — sans des postillons comme ceux que j'avais, je serais resté en route. Esterházy, par l'autre chemin ordinaire, a subi le même sort, avec huit chevaux, que moi avec quatre — pourtant j'ai éprouvé un certain plaisir, comme toujours quand j'ai heureusement surmonté un obstacle. — Maintenant vite revenons de l'extérieur à l'intérieur ! Nous nous reverrons sans doute bientôt, aussi aujourd'hui je ne peux te faire part des observations que j'ai faites sur ma vie pendant ces quelques jours — si nos cœurs étaient toujours serrés l'un contre l'autre, je n'en ferais pas de pareilles. Le cœur est trop plein pour pouvoir te dire quelque chose — ah ! — il y a des moments où je trouve que la parole n'est absolument rien encore — égaye-toi — reste mon fidèle, mon unique trésor, mon tout, comme moi pour toi ; quant au reste, les dieux décideront de ce qui doit être et de ce qui adviendra pour nous.

Ton fidèle

LUDWIG

Lundi soir 6 juillet

Tu souffres, toi mon être le plus cher — à l'instant j'apprends que les lettres doivent être remises de très grand matin. Lundi

— jeudi — les seuls jours où la poste part d'ici pour K. [arls-bad] — Tu souffres — ah, là où je suis, tu es aussi avec moi, et moi avec toi, je ferai que je puisse vivre avec toi, quelle vie !!!! ainsi !!!! sans toi — poursuivi ici et là par la bonté des hommes que je désire aussi peu mériter que je la mérite — humilité de l'homme devant l'homme, — elle m'afflige — et quand je me considère dans l'ensemble de l'univers, que suis-je, et qu'est celui — qu'on appelle le plus Grand — et pourtant — là encore est l'élément divin de l'homme — je pleure, quand je pense que tu ne recevras vraisemblablement que samedi la première nouvelle de moi — quel que soit ton amour pour moi, pourtant je t'aime encore plus fort — mais ne te cache jamais de moi — bonne nuit — comme baigneur il faut que j'aille dormir. Ah Dieu — si près ! si loin ! N'est-il pas un véritable édifice céleste, notre amour mais aussi solide que la voûte du ciel. —

Bon matin, le 7 juillet — au lit les pensées se pressent déjà vers toi, mon Immortelle Bien-Aimée, parfois joyeuses, puis de nouveau tristes, demandant au destin s'il nous exaucera. — Vivre, je ne le peux qu'entièrement avec toi ou pas du tout, j'ai même résolu d'errer au loin jusqu'au jour où je pourrai voler dans tes bras et pourrai me dire tout à fait dans ma patrie auprès de toi, puisque, tout entouré par toi, je pourrai plonger mon âme dans le royaume des esprits. — Oui, hélas ! il le faut — tu te résigneras d'autant mieux que tu connais ma fidélité envers toi, jamais aucune autre ne peut posséder mon cœur, jamais — jamais — ô Dieu, pourquoi faut-il s'éloigner de ce qu'on aime ainsi, et pourtant ma vie à V. [Vienne] maintenant est une vie misérable — ton amour a fait de moi à la fois le plus heureux et le plus malheureux des hommes — à mon âge maintenant j'aurais besoin d'une certaine uniformité, égalité de vie — peut-elle exister, étant donné notre liaison ? ange, je viens d'apprendre que la poste part tous les jours — et il faut donc que je m'arrête afin que te reçoives cette lettre tout de suite. — Sois calme, ce n'est que par une contemplation détendue de notre existence que nous pourrons atteindre notre but, qui est de vivre ensemble — sois calme — aime-moi — aujourd'hui — hier — quelle aspiration

baignée de larmes vers toi — toi — toi — ma vie — mon tout
— adieu — oh ! continue à m'aimer — ne méconnais jamais
le cœur très fidèle
De ton aimé L.
éternellement à toi
éternellement à moi
éternellement à nous[4]

La tentative de résolution de l'énigme de « L'Immortelle Bien-Aimée » est devenue un passage obligé de l'exégèse beethovénienne. Avant de rappeler les différentes — et nombreuses — hypothèses qui ont été avancées, puis de signaler la solution qui semble s'imposer au moment où nous écrivons — et avant la prochaine… —, on se permettra quelques remarques.

Tout d'abord, cette lettre ayant été retrouvée chez Beethoven, deux hypothèses s'imposent : soit il ne l'a jamais envoyée, soit elle lui a été retournée, ou rendue pour des raisons de discrétion. Le premier cas peut signifier que Beethoven la jugeait déplacée, inconvenante, vaine, témoignage d'un emportement amoureux qui ressemble fort à une crise paroxystique. On sait que cet éternel passionné, au demeurant velléitaire, pouvait connaître de ces crises, parfois proches du délire, qui fleurent un peu la mythomanie. Le ton même de la lettre traduit un état où l'exaltation érotique se mêle de recours à une symbolique traditionnelle des contes germaniques : passage dans une forêt obscure par une nuit de tempête (circonstance d'ailleurs authentique), épreuve initiatique avant la révélation de l'extase. Quant au rêve de vie commune et de bonheur à deux, l'éconduit perpétuel qu'est Beethoven en a fait le fondement de sa psyché amoureuse, désir et crainte tout ensemble, *wishful thinking* et mauvaise foi dont il n'a sans doute pas une claire conscience. Une fois la crise passée, il a pu ranger cette lettre dans ses papiers, comme dégrisé. Si cette lettre lui a été renvoyée, c'est encore plus simple : une fois de plus, il s'est illusionné sur les sentiments de l'objet de ses désirs.

Reste à savoir qui est la femme à qui s'adresse cette prose incandescente. Ici les limiers entrent en scène. Longtemps, ils n'ont pas été d'accord sur l'année de la lettre, et ne le sont toujours pas sur l'identité de la personne. Mais il est vrai aussi qu'en deux siècles la recherche exégétique a considérablement progressé : de nouveaux documents sont apparus, rapports de police permettant de suivre les déplacements des intéressés par leur inscription aux registres des hôtels, lettres, et chacun s'accorde aujourd'hui sur l'année : 1812.

Mais pour Schindler, qui se voulait proche de Beethoven et son seul ami, qui fut son premier biographe et le responsable de l'holocauste de nombre de ses carnets, la rencontre se serait déroulée en 1806, voire en 1803, et l'Immortelle Bien-Aimée serait Giulietta Guicciardi. Thayer, le premier biographe sérieux de Beethoven, dont le livre a été repris et complété par Deiters puis par Elliot Forbes en 1964, ne se prononce pas. Pour d'autres biographes, la candidature se partage entre les deux sœurs Brunsvik, Thérèse et Joséphine. Mais à cette époque, les sœurs Brunsvik, et Joséphine en particulier, ne sont plus guère présentes dans la vie de Ludwig. Amalie Sebald a été évoquée. Et même cette nouvelle venue rencontrée à Teplice l'année précédente, Rahel Levin.

Dans une enquête minutieuse, intellectuellement satisfaisante, ce qui est finalement le but de la résolution des énigmes comme des rébus, Maynard Solomon, à force de recoupements, d'éliminations et de déductions qui se lisent comme un roman policier de l'époque impériale, finit par retenir la seule solution vraisemblable à ses yeux : l'Immortelle Bien-Aimée est Antonie Brentano, née Antonie von Birkenstock, la belle-sœur de Bettina. Cette jeune femme mélancolique, fragile, souffrant du mal du pays, à qui Beethoven venait à Vienne dispenser les trésors de ses talents de pianiste en ami proche, attentif et discret, a joué dans sa vie sentimentale un rôle considérable. Dix ans plus tard, il lui dédiera ses *33 Variations pour piano sur une valse de Diabelli*, monument de la littérature pianistique.

Il est prouvé qu'Antonie Brentano se trouvait à Prague début juillet 1812, où Beethoven a pu la voir — la prose de l'amoureux porte la trace d'une récente extase — et ensuite à Karlsbad, où la lettre devait être envoyée. Et Beethoven est sûr de la revoir bientôt : il se rendra, en effet, à Prague dans le courant de l'été.

Bien entendu, ce faisceau de preuves ne constitue pas une certitude définitive. D'ailleurs, cela importe-t-il tellement ?

Quelques jours plus tard, le 19 juillet 1812, toujours à Teplice, Beethoven rencontre enfin Goethe ! C'est le grand écrivain lui-même, sur l'insistance de Varnhagen, qui lui rend visite.

Il est un fait que deux personnalités d'exception qui se rencontrent ont souvent peu à se dire. Univers singuliers, rivalité, chemins parallèles qui ne se rejoignent pas — et l'amitié, mystérieuse alchimie, ne se décrète pas. Ils sont si différents : Goethe, policé, élégant, mondain, fin politique autant que grand écrivain ; Beethoven, direct, sans manières, tout d'un bloc, et négligé. D'ailleurs, ils ne se jugent pas si mal : « L'air de la Cour plaît trop à Goethe, écrit Beethoven, lucide — plus qu'il ne convient à un poète. Pourquoi rire du ridicule des virtuoses, si les poètes, qui devraient être les premiers éducateurs d'une nation, oublient tout le reste pour cette chimère[5] ? » Quant à Goethe, il est impressionné, et le jour même de leur première entrevue, il écrit à sa femme : « Je n'ai encore jamais vu un artiste plus puissamment concentré, plus énergique, plus intérieur. Je comprends très bien que son attitude doit sembler extraordinaire au reste du monde. » Et, début septembre, Goethe écrit à Zelter : « J'ai fait la connaissance de Beethoven à Teplice. Son talent m'a émerveillé, mais c'est malheureusement un personnage indompté qui, sans doute, n'a pas tort de trouver le monde détestable, mais qui vraiment ne le rend agréable ni pour lui ni pour les autres[6]. »

Que se passe-t-il durant ces rencontres ? Ils parlent, cherchent à s'apprivoiser. Beethoven joue du piano pour Goethe. Se place durant ces journées un épisode peut-être apocryphe, car raconté longtemps après (en 1832) par Bettina Brentano, alors brouillée avec l'écrivain — et surtout avec l'imposante *Frau* Goethe : alors qu'ils se promènent bras dessus bras dessous en devisant dans les jardins publics, Beethoven et Goethe auraient croisé la famille impériale. Goethe se serait confondu en courbettes :

> Tandis que Beethoven passait au milieu des ducs et soulevait à peine son chapeau. Ceux-ci, se séparant des deux côtés pour lui faire place, le saluèrent très amicalement. Lorsqu'ils furent passés, Beethoven s'arrêta et attendit Goethe, qui s'était rangé avec de profondes révérences. Il lui dit alors : « Je vous ai attendu parce que je vous honore et vous estime comme vous le méritez, mais vous leur avez fait trop d'honneur[7]. »

La fable est belle. Et si elle n'est pas vraie, elle est bien trouvée.

Les deux hommes ne se reverront pas. Les deux Allemands les plus admirables de leur temps se sont manqués. Jamais, dans aucun de ses écrits, Goethe ne fait la moindre allusion à Beethoven. Et tous les envois du musicien, désormais, resteront sans réponse.

Il quitte Teplice fin juillet pour Karlsbad, où il donne un concert de charité le 6 août. Y voit-il l'Immortelle Bien-Aimée ? On sait qu'Antonie Brentano s'y trouve à ce moment avec son mari. De retour à Teplice, par un septembre froid et pluvieux, il retrouve Amalie Sebald, avec laquelle il renoue un contact placé sous le signe de la bonne camaraderie, mêlée d'un peu de flirt. Il se laisse traiter de tyran, ce qu'il est à ses heures, pousse l'avantage sur le ton de la badinerie, parfois de façon plus explicite. En vérité, il va mal, et tombe malade. Amalie lui rend visite quand il peut la recevoir, s'efforçant de prendre soin de lui. Amoureuse ? Toute sa vie, Amalie gardera près d'elle une boucle des cheveux de Beethoven, « coupée sur sa tête, à Teplice, vers la fin du mois de septembre 1812[8] »...

Au milieu de ces rencontres au sommet et de ces fièvres amoureuses, il trouve le temps de travailler comme à son habitude, c'est-à-dire constamment. L'art ne souffre ni repos ni interruptions. Il a toujours sur lui un carnet, dans lequel il griffonne les idées qui lui viennent. Cette année-là, il met la dernière main à sa *Septième Symphonie* en *la* majeur. Où a-t-il puisé les forces pour composer, et achever en avril, cette œuvre imposante, d'une beauté orchestrale et d'une énergie rythmique telles que Wagner lui donnera le surnom d'« Apothéose de la danse » ? C'est une véritable fête, une saturnale où explose une joie surhumaine, qui exprime un sentiment de triomphe libérateur — c'est ainsi qu'elle fut perçue par le public du concert du 8 décembre 1813 où elle fut jouée en même temps que *La Bataille de Vittoria* ou *La Victoire de Wellington*. L'allegretto mêle le rythme majestueux d'une marche à une sorte de méditation lyrique qui s'élève jusqu'au sublime, à tel point qu'il dut être rejoué lors de la première représentation pour un public ému aux larmes.

Et c'est en plein cœur de cet été 1812, si riche en événements, qu'il compose sa *Huitième Symphonie*, cette « petite symphonie en *fa* » qui semble presque hâtive dans l'enchaînement de ses mouvements, mais traduit une constante jubilation. Beethoven avait un faible pour cette symphonie moins admirée que la *Septième*, et qui reçut un accueil plus frais. Il en fut meurtri, la considérant « bien meilleure[9] ».

À l'automne 1812 prend place un curieux épisode, qui jette une ombre peu engageante sur les conceptions morales de Beethoven. Son frère cadet Johann, pharmacien à Linz, a engagé une liaison avec une jeune personne aux mœurs considérées comme discutables, Thérèse Obermeyer. Jalousie ? Sursaut de pudibonderie ? Réflexe clanique ? Vieille rancune ne cherchant qu'un prétexte pour éclater en violence tyrannique ? Thérèse, il est vrai, est mère d'une fille de père inconnu. Aussitôt, Beethoven file à Linz. Il semble enragé : injures, rixe avec son frère : dans la famille Beethoven, les différends se règlent par des pugilats. Il veut que l'intruse disparaisse de la vie de son frère. Il va même jusqu'à alerter les autorités de la ville et l'évêque pour la faire chasser. L'affaire dure un bon mois. Finalement, Johann prend son frère de court : il épouse sa maîtresse. Ludwig assiste à la cérémonie en maugréant, lui qui ne parvient pas à se marier, et dès le lendemain rentre à Vienne. Au moins, durant cette tragi-comédie familiale assez pitoyable, a-t-il achevé sa *Huitième Symphonie*...

Dépression

Trop de travail, trop de tensions, trop d'émotions et de déceptions sentimentales. Son œuvre est immense, magnifique, exceptionnelle — et sa vie un désastre. L'épisode Johann, dont il n'est peut-être pas très fier, lui a laissé un goût amer. Drôle de famille. Son frère Karl ne vaut guère mieux. Ludwig l'accuse de lui voler ses partitions, qu'il égare souvent dans son capharnaüm. Un jour, il fait irruption chez lui, l'insulte. Les coups volent bas. L'épouse de Karl, que nous retrouverons bientôt, cherche à les séparer. Karl sort les partitions d'un tiroir. Ludwig lui saute au cou. Pardon, pardon. Son frère le chasse. À quelque temps de là, ils se rencontrent sur le pont Ferdinand. Karl, déjà atteint par la tuberculose, semble un mort vivant. Ludwig le couvre de baisers, le pousse dans un fiacre pour le ramener chez lui. Des passants assistent à la scène, éberlués.

Le manque d'argent devient inquiétant. Sa rente ne lui est plus versée qu'épisodiquement. Le prince Kinsky, l'un de ses mécènes, meurt d'une chute de cheval. Seul l'archiduc Rodolphe continue à le soutenir fidèlement.

De 1813 à 1818, la production de Beethoven se raréfie de façon spectaculaire. Comme s'il avait besoin de reprendre souffle après une telle débauche d'énergie créatrice et l'éclosion de tant de chefs-d'œuvre. Les événements de sa vie peuvent expliquer cette pause relative. Mais pour l'heure, en cette fin de 1812 et pendant les premiers mois de 1813, il y a une raison majeure à son apathie : il est déprimé. Et même dépressif. Le mot est encore inusité, mais non la chose : on l'appelle mélancolie, ou mal du siècle, si l'on est dans la mouvance romantique. On en meurt quelquefois, suicide ou consomption.

Il souffre et commence à tenir un journal. Fin 1812, ces notes :

Résignation, résignation profonde à ton sort ! Seule, elle te permettra d'accepter les sacrifices que demande le « service ». Oh ! lutte pénible ! Prépare le lointain voyage par tous les moyens. Fais tout ce qui est nécessaire pour réaliser ton vœu le plus cher, et tu finiras par réussir. Ne sois plus homme que pour autrui, renonce à l'être pour toi-même ! Pour toi, il n'est plus de bonheur hormis en toi, par ton art. Oh ! Dieu ! Donne-moi la force de me vaincre ! Rien désormais ne doit plus m'enchaîner à la vie. De cette façon, tout est fini avec A[1].

« A » ? Comment ne pas penser à Antonie Brentano ? Tous ses rêves de bonheur se sont effondrés. « La source tarit », écrit-il encore. Y compris la source musicale ?

Il se laisse aller. L'été 1813, à Baden où il séjourne, il ressemble davantage à un clochard qu'à un grand musicien en villégiature.

Pendant cette année, pourtant, il a composé une œuvre qui va faire quelque bruit, dans tous les sens du mot : *La Bataille de Vittoria* ou *La Victoire de Wellington*. Le moins que l'on puisse dire est que cette « symphonie en deux mouvements » laisse perplexe. Beethoven lui-même, à son propos, disait : « C'est une stupidité. » De mauvais esprits, dont nous ne sommes évidemment pas, la qualifient de musique de sourd.

Il s'agit d'une commande de Johann-Nepomuk Maelzel, sorte de bricoleur de génie installé à Vienne, titulaire du poste de mécanicien de la Cour. Il a fabriqué des cornets acoustiques pour le grand sourd, inventé le métronome, et un certain nombre d'instruments bizarres, dont ce « panharmonicon » pour lequel il convainc Beethoven de composer une œuvre « patriotique ». Il lui souffle même le plan de l'œuvre, ce qui lui permettra de vouloir s'en attribuer le mérite, et à Beethoven de lui intenter un procès qui s'éteindra de lui-même, avec le départ de Maelzel pour l'Amérique. D'ailleurs, les possibilités modestes de l'instrument contraignent Beethoven à orchestrer toute l'œuvre.

La Bataille de Vittoria est un sabordage esthétique, une gigantesque farce, une « plaisanterie musicale », comme le pastiche grotesque de son propre style héroïque, qui se termine sur le *God Save the Queen* ! En tout cas une composition qui marque une formidable régression, comme d'autres œuvres de cette époque, tels *Germania* (WoO 94) ou *Le Glorieux Moment*. Le 8 décembre 1813, jour du concert, on mime la bataille de Vittoria, avec défilé de troupes dans la salle et bruits du canon. Cette cacophonie insensée est jouée le même jour que la *Septième Symphonie*... et obtient un triomphe égal, sinon supérieur. Il est vrai que l'ambiance patriotique survoltée qui règne à Vienne a pu aveugler, ou assourdir, une assistance qui sait que la victoire de Wellington à Vittoria constitue pour Napoléon le début de la fin. En outre, le concert ne manque pas de pittoresque : Salieri et Hummel sont au canon, Meyerbeer à la grosse caisse, et Beethoven au pupitre où il n'entend rien, à part la grosse caisse.

Cela n'empêche pas la *Bataille de Vittoria* d'être rejouée : le 12 décembre, le 2 janvier et le 27 février où Beethoven donne aussi, pour la première fois, sa *Huitième Symphonie*. Cette *Bataille* est même l'œuvre qui lui aura rapporté le plus d'argent.

En avril 1814, revenant aux choses sérieuses, il tient lui-même le piano pour la première du *trio À l'archiduc*, au cours d'une soirée organisée par le violoniste Schuppanzigh. Et, dans le même temps, le succès appelant le succès, on le sollicite pour une reprise de *Fidelio* au théâtre de Carinthie. On sait qu'il n'a jamais accepté l'échec de 1805. Il donne son accord, exigeant de reprendre son œuvre : peu d'artistes peuvent se flatter d'avoir ainsi droit à une session de rattrapage, après un four aussi cuisant. Mais cette obstination en valait la peine : nouveau livret, écrit par Frédéric Treischke, régisseur de l'Opéra impérial, musique largement remaniée. Le 23 mai 1814, enfin, c'est le triomphe, au prix d'un travail acharné : nouvelle ouverture, suppression de duos et de trios et, surtout, introduction du grand chœur final qui confère à l'œuvre une dimension réellement grandiose, comme si la *Neuvième Symphonie* se préparait déjà...

En somme, tout va bien ? Nouveaux succès, bénéfice — enfin ! — de travaux antérieurs, parfois anciens. Mais les apparences sont trompeuses. La crise est loin d'être achevée. Au début de l'année 1814, un verdict médical sans appel l'a dévasté : « Décision des médecins sur ma vie, dit son journal. S'il n'y a plus de salut, dois-je faire usage de ***[2] ??? » Malgré les mots biffés par un imbécile de copiste, la phrase est claire : il songe au suicide. Ce n'est pas la première fois. De quel mal « incurable » est-il atteint ? Mystère. Nouvelle attaque de la syphilis ? Maynard Solomon propose cette hypothèse qui, à défaut de reposer sur des preuves irréfutables, contient quelques solides indices. Pendant toute l'année 1813, suite à ses fiascos amoureux, Beethoven a entretenu avec son ami Zmeskall une correspondance explicite pour qui sait la lire, où il est question de commerce avec des prostituées. Il les appelle des « forteresses », ou des « forteresses délabrées » qui « ont déjà reçu maints coups de canon ». À mots à peine couverts, les deux amis s'échangent des informations sur ces « endroits marécageux ». « L'heure que je préfère par-dessus tout est l'après-midi, vers trois heures et demie ou quatre heures[3] », écrit Beethoven. Et dans son journal, comme l'aveu du dégoût que finissent par lui inspirer ces ébats tarifés : « Sans l'union des âmes, la jouissance des sens est et demeure un acte bestial[4]. »

Quoi qu'il en soit, cette crise aiguë s'estompe peu à peu, succès aidant. Beethoven fait partie de ces hommes que le travail tient debout et qui pensent être au monde pour y accomplir une tâche éminente : « Il y a beaucoup à faire sur la terre. Fais-le vite[5] ! », écrit-il dans son *Journal* pendant l'année 1814. Et puis l'automne lui réserve un « moment glorieux[6] », comme l'écrit Schindler, et, pour le coup, il n'y a pas de raisons d'en douter : il est au sommet de sa carrière sur le plan de la reconnaissance publique et mondaine.

Il est maintenant reconnu en musique comme le contemporain capital. Le moment lui est favorable. Ses idées politiques, ses amitiés avec des « libéraux » le rendent toujours suspect, mais les événements semblent lui rendre justice : Beethoven est considéré comme un patriote et le représentant idéal de l'âme allemande. Dans les rues, on le salue comme tel.

C'est à ce moment qu'entre dans sa vie, par l'intermédiaire du violoniste Schuppanzigh, ce jeune homme qui jouera un rôle des plus contestables dans l'héritage beethovénien : le fameux Anton Schindler, déjà rencontré, remarquable exemple de captation, sinon de vampirisation d'une œuvre et d'une vie, comme il s'en trouve parfois dans l'orbite des plus grands.

Et c'est le congrès de Vienne, organisé avec maestria par Metternich, âme damnée de l'Empereur. Après les frasques de Napoléon, il s'agit de redessiner les contours de l'Europe, et surtout de remettre en place l'ordre ancien. L'Histoire a souvent le sens de la farce. Le Beethoven que l'on honore à cette occasion, que l'on invite au milieu des têtes couronnées en tant que musicien officiel, dont on fait l'artiste héros du patriotisme autrichien, c'est l'auteur de *La Bataille de Vittoria*. Il le sait et grommelle. C'est un peu comme si on louait le génie de Fellini à cause d'une publicité pour des pâtes, à supposer qu'il l'ait réalisée. Quelle imposture ! Le 25 janvier 1815, pourtant, il donne un concert devant l'aréopage des empereurs et des rois qui s'assemblent pour l'écouter religieusement. Son dernier concert comme pianiste.

Comment ne pas perdre la tête devant tant de dévotion ? En restant soi-même. Cette assemblée de princes, de rois, d'empereurs, le laisse de marbre. Il ne prend même pas la peine de faire semblant. L'archiduc Rodolphe va jusqu'à lui commander une musique de carrousel, ce qui lui arrache quelques ricanements et une réponse cinglante. Il est temps que la comédie s'arrête.

Le congrès de Vienne marque un véritable tournant dans son œuvre et dans sa vie. Il a connu la gloire : il sait qu'elle est fallacieuse, reposant sur des malentendus et de mauvaises raisons qui blessent son être intime. Le Beethoven que l'on adule, dont on fait l'emblème du renouveau patriotique, ce n'est pas lui. Rien de commun. Il n'y a qu'un Beethoven.

Karl

1815. Après le succès, la solitude. Tandis que le congrès de Vienne se poursuit jusqu'en juin, sous la férule implacable de Metternich, confronté à l'habile Talleyrand, qui parvient à éviter à la France la suprême humiliation, et au milieu de fêtes offertes par la cour d'Autriche, Beethoven prend du recul. C'est à ce prix qu'il pourra se retrouver, retrouver sa musique, puiser au fond de lui-même les ressources lui permettant de concevoir les monuments musicaux des dernières années, qui le consacrent vraiment comme le compositeur le plus novateur, le plus profond de son temps.

Il vit une forme d'ascèse. Ayant goûté, à point nommé, aux fruits douteux d'une gloire qu'il juge superficielle, il en est comme purgé. À son ami Amenda, qui se rappelle à son bon souvenir du fond de sa Courlande, où il vit marié et chargé d'une ribambelle d'enfants, il écrit ces mots, mélancoliques et si révélateurs :

Je pense mille fois à toi, à ta simplicité patriarcale, et comme j'ai souvent désiré être entouré de gens tels que toi.

Seulement, pour mon bien ou pour celui des autres, le Destin veut contrarier mes désirs. Je peux dire que je vis à peu près seul dans cette ville qui est la plus grande d'Allemagne, car je dois vivre presque éloigné de tout ce que j'aime ou que je pourrais aimer[1].

Le ralentissement créateur se confirme. Est-ce d'avoir gâté sa plume dans des œuvres peu dignes de lui ? Il bricole des « Chants écossais », depuis quelques années déjà, pour répondre à la demande de l'éditeur Thomson. Certains ne sont pas sans mérites, ni sans beauté, mais cela fleure un peu le travail alimentaire. Il est comme un lutteur sonné qui doit reprendre des forces avant de poursuivre le combat. Cela durera encore trois longues années. Non de totale stérilité, mais de méditation, de lectures, de renouveau spirituel. L'âge de la sagesse approche : il lit des textes de philosophes indiens, notamment la *Bhagavad-Gita*. Son journal porte la trace de ces préoccupations spirituelles :

Bienheureux celui qui, ayant appris à triompher de toutes les passions, met son énergie dans l'accomplissement des tâches qu'impose la vie sans s'occuper du résultat. Le but de ton effort doit être l'action et non ce qu'elle donnera. [...] Cherche un refuge dans la sagesse seule, car s'attacher aux résultats est source de malheur et de misère. Le vrai sage ne s'occupe pas de ce qui est bon ou mauvais dans ce monde[2].

Il a repris des relations chaleureuses avec la comtesse Marie Erdödy. Il lui dédiera les *Quatrième* et *Cinquième Sonates pour piano et violoncelle*. Comment leur brouille a-t-elle cessé ? La comtesse a toujours nourri la plus vive affection pour l'incommode Ludwig. Elle lui a écrit, tout simplement. Il lui répond avec transport : il ne l'a jamais oubliée, s'est souvent enquis de sa santé fragile. Leurs échanges épistolaires sont nombreux cette année-là et traduisent souvent l'angoisse de Ludwig : lui-même ne va pas bien, et son frère Karl est au plus mal.

Karl meurt le 15 novembre de cette année 1815, rongé par la tuberculose. Dans un premier testament, il faisait de son frère le tuteur de son fils Karl, car il a un fils, âgé de neuf ans. La veille de sa mort, il ajoute un codicille, stipulant que la tutelle devra être exercée aussi bien par sa femme que par son frère Ludwig.

C'est le début d'un marathon judiciaire, comme on dirait aujourd'hui, assez sordide au demeurant, qui durera jusqu'en 1820 !

Karl s'est marié en 1805 avec une certaine Johanna Reiss, dont le moins qu'on puisse dire est que Beethoven ne la porte pas dans son cœur. De cette union est né un garçon en 1806, à qui on a donné le prénom de son père. L'épouse se révèle peu recommandable, du moins selon les critères beethovéniens : passablement volage, elle a été condamnée en 1811 à un mois de prison pour une obscure affaire de fausse accusation. Mais ce n'est pas la seule raison : la « Reine de la nuit », comme Ludwig la surnomme en référence à *La Flûte enchantée* de Mozart, est selon lui une femme irresponsable, d'une honnêteté chancelante, à la cuisse un peu trop légère, incapable d'élever son fils. Et Beethoven se convainc d'autant plus facilement de ces vilaines choses qu'il éprouve le furieux désir d'avoir l'enfant pour lui seul.

L'envie de paternité le taraude. Les échecs répétés de ses projets de mariage ont fait s'accumuler en lui des frustrations qui tournent à l'obsession. En Karl, son neveu, il voit le fils qu'il n'a pas eu. Et, pour obtenir sa tutelle, il va se montrer littéralement déchaîné, accusant même sa belle-sœur d'avoir empoisonné son frère.

Pauvre Karl. Son seul malheur (ou sa chance ?) est de ne pas être le fils de Ludwig, mais celui de son frère, et d'une mère sans grandes qualités, que l'on « peut s'offrir pour vingt florins[3] », insinuait méchamment le compositeur, ce qui est sans doute exagéré. De Karl, la postérité a longtemps fait un voyou, un chenapan, un imbécile. Jugement un peu hâtif : Karl est simplement un enfant ordinaire, plutôt bon garçon, puis un adolescent sans histoires, avec des comportements propres à cet âge. D'ailleurs, il fera des études convenables quoique sans éclat, et mènera une vie, semble-t-il, assez heureuse. Une fois son oncle disparu...

Beethoven a quarante-cinq ans. Bien que déjà usé par la maladie, de plus en plus sourd, entamé par les excès (il soigne volontiers ses maux dans les tavernes), c'est un homme encore jeune. Sur Karl, il reporte son dévorant désir d'amour paternel, ses projets d'éducateur frustré lecteur de Jean-Jacques Rousseau. Rien ne l'arrêtera : dénigrement systématique de la mère, diffamation, insultes, opposition violente à ce que Johanna puisse voir son fils : il n'est pas tout à fait mûr pour l'ataraxie prônée par les sagesses orientales.

Il obtient la tutelle le 9 janvier 1816, après une bataille judiciaire où il ne se montre pas sous son meilleur jour. Mais Johanna ne l'entend pas ainsi : elle contre-attaque. Il en résulte que, de procès en procès, tiraillé entre sa mère et son oncle, Karl va passer une enfance et une adolescence assez misérables, en tout cas fortement perturbées.

Quand il parle de ce qu'il considère comme un devoir sacré, Beethoven force volontiers sur le sublime : « Tu considéreras K. comme ton propre enfant et négligeras toutes les misères et tous les bavardages dans ce but sacré. [...] Renonce aux opéras et à tout le reste, écris seulement pour ton orphelin, puis trouve une chaumière où terminer ta misérable vie[4] ! »

En Karl, il espère à la fois un fils, un soutien, un héritier de son propre génie, à qui il fera dans ce but donner des leçons de piano par Czerny. C'est trop demander à un enfant déjà grand, dont l'éducation a été jusqu'à présent négligée. Il l'aime à sa façon, fougueuse, furieuse, tyrannique. On se prend à penser qu'il est heureux qu'il n'ait pas eu lui-même d'enfants. Car il y a loin de l'idéal fantasmé de la paternité aux vicissitudes du quotidien. Beethoven se rend vite compte que la présence d'un « fils » dans sa tanière n'est pas tenable : pour Karl, ce sera la pension.

Il choisit pour le cher garçon, sur les conseils de Karl Bernard, journaliste et nouvel ami, ce qu'il y

a de mieux : une école privée, l'Institut Giannattasio del Rio. Le fait serait simplement anecdotique
si Cajetano Giannattasio del Rio, son fondateur et
directeur, n'avait deux filles, Nanni et Fanny.
Fanny, la moins jolie des deux sœurs, a laissé sur
Beethoven, dont elle adore la musique, des souvenirs et un journal d'une grande précision. Moins
lyrique que Bettina Brentano, moins « femme de
lettres » encline aux effets de style et aux emportements romantiques, elle montre un Beethoven
au quotidien, qui fréquente le cercle de la famille
del Rio, et ne cache rien de ses hantises, de son
humeur souvent massacrante, de son tempérament
porté à tous les excès :

Il fallait alors se mettre tout près de son oreille pour se faire
comprendre de lui, et je me souviens que j'étais souvent très
embarrassée par sa chevelure grise qui retombait sur ses
oreilles. Souvent du reste, il disait lui-même : « Il faut que je
me fasse couper les cheveux. » À première vue on croyait
qu'ils étaient raides et ébouriffés, mais ils étaient très fins et,
quand il y passait la main, ils restaient dressés d'une façon
comique. — Un jour, il vint : quand il enleva son manteau,
nous vîmes un trou à son coude ; il s'en souvint et voulut
remettre son habit, puis il dit en riant, tout en achevant de
l'ôter : « Puisque maintenant vous l'avez vu !!! » [...]

Dans ses moments de douceur comme dans ses tristesses,
qui alarmaient ses meilleurs amis, pour un temps du moins, il
avait souvent des mouvements d'humeur dont on ne pouvait
comprendre tout de suite la cause. Ainsi, étant revenu nous
voir, alors que nous avions cru, à sa froideur, qu'il s'était passé
quelque chose qui aurait pu le froisser, ma sœur lui demanda
s'il nous en voulait encore. il répondit : « J'attache trop peu
d'importance à moi-même pour cela. » [...]

Il était presque tous les soirs dans notre cercle de famille. Malheureusement les soirées intéressantes étaient rares, car il était souvent tel Pégase sous le joug ; le procès au sujet de la tutelle le rendait de mauvaise humeur, presque malade. Alors, pendant toute la soirée, il restait assis à la table ronde, auprès de nous, plongé, semblait-il, dans ses pensées, jetant parfois un mot en souriant, crachant sans cesse dans son foulard, et regardant chaque fois le foulard, aussi je crus longtemps qu'il avait peur d'y trouver du sang[5].

Nanni, l'autre sœur, est fiancée. Bien sûr, c'est à elle que Beethoven réserve ses attentions galantes. Mais c'est Fanny qui tombe amoureuse de lui. Au mauvais moment sans doute, car Beethoven, tout à l'obsession de sa tutelle, ne semble plus guère s'intéresser aux femmes.

2 mars 1816. Que se passe-t-il donc en moi ? Et si je jette ce cri, est-ce ce que Nanni m'a dit tout à l'heure qui me l'arrache ? Est-ce que déjà il tient tant de place dans mon esprit, même dans mon cœur, pour que cette simple phrase : « Au moins tu ne vas pas t'éprendre de lui ? » dite par plaisanterie, suffise à me troubler et presque à me blesser ? Pauvre Fanny ! Le sort ne t'est guère favorable. [...] Hélas ! si de plus en plus il fait partie de notre cercle familial, il est inévitable qu'il me devienne cher, infiniment cher. [...]
17 mars. Avant-hier, Beethoven a passé la soirée chez nous. Dans l'après-midi, on sonna. C'était Beethoven. Il dit : « Je vous apporte les prémices du printemps », et esquissant un entrechat il nous présenta un bouquet de violettes[6].

En réalité, Beethoven va très mal. Les coliques le torturent. Il reste alité une partie du printemps 1816. Il pense à la mort, s'efforce de l'apprivoiser, considérant comme un « mauvais homme celui qui ne sait pas mourir[7] » : seule, dit-il, la présence de Karl le retient encore sur cette terre. Pourtant, il n'a rien abandonné de ses ambitions créatrices : « De tout autres choses s'esquissent dans mon esprit[8]. »

Elles ne font que s'esquisser : un projet de messe, qui deviendra la monumentale *Missa solemnis*, de nouvelles sonates. Mais, contrairement à ce que pensent quelques esprits égarés, la souffrance, le mal-être, les soucis d'argent et de domesticité ne sont guère propices à l'activité créatrice.

En se chargeant de son neveu, Beethoven s'est attaché au pied un pesant boulet. Son désir de paternité, comme ses entreprises de mariage, relève d'une démarche fantasmatique et d'une pathologie assez limpide : il cherche à construire des circonstances calamiteuses, donne tous les torts à cette réalité décevante pour se réfugier dans la seule vérité qui vaille, la musique. Il est certain qu'à travers son neveu, Beethoven a recomposé son roman familial. Il a « sauvé » Karl des griffes d'une harpie, sa mère, il est maintenant « le père réel, naturel, de l'enfant de feu [son] frère[9] ». En Johanna, qui n'est certes pas le monstre qu'il construit dans son imaginaire perturbé (une femme un peu fantasque, certes, mais non sans charme, libre de tempérament et dotée d'un certain bon sens), Beethoven voit *la* femme, maléfique, à la fois sorcière et objet de débauche, faute peut-être, comme Onan, d'accepter le désir qu'elle lui inspire. Car un tel acharnement est suspect, grouillement du nid à névroses familial. Le « père naturel » (!!!) rêve-t-il qu'il a fécondé la mère ? Des farceurs, auteurs d'un film assez consternant, *L'Immortelle Bien-Aimée* (Beethoven n'a jamais eu beaucoup de chance avec les cinéastes), ont même fait resurgir Johanna pour en faire cette mystérieuse inconnue, ce qui est grotesque. D'autres, plus prudents, partant du postulat que la haine est de l'amour contrarié, prêtent à Beethoven des sentiments amoureux, ou un désir sexuel, à l'égard de sa belle-sœur. Il reste que, pendant toutes ces années, son attitude est pour le moins étrange. Les premiers temps, il ne rompt pas le contact. Il ménage même des rencontres avec Johanna, en compagnie de Karl, toujours en présence d'un tiers. Ils parviennent à trouver un arrangement financier, Johanna acceptant d'affecter la moitié de sa pension de veuve à l'éducation de Karl, ce qui n'en fait pas une si mauvaise mère... Mais en 1817, Beethoven entre à nouveau en fureur contre elle, s'estimant trahi par des propos répétés à del Rio. L'année suivante, après un semblant de réconciliation, il explose à nouveau parce que Karl a rencontré sa mère en cachette. Sentiment de trahison, crise aiguë de paranoïa : on commence à le prendre sérieusement pour un fou, ce qui se conçoit. Et on ne peut guère trouver anormale la décision de Johanna, en 1818, d'intenter un procès pour récupérer son fils.

Beethoven est-il au moins un « bon père » pour son neveu ? On peut en douter. Il est incohérent, violent, excessif. Il encourage Giannattasio del Rio à le frapper si nécessaire parce que, « du vivant de son père, il avait l'habitude de n'obéir que quand il était battu[10] ». C'est toute l'enfance qui remonte, et les brutalités de Johann, son propre père. Il passe de l'exécration à l'amour démesuré. Il songe même à envoyer Karl dans une autre ville, où « il ne verra ni n'entendra plus rien de sa bestiale mère[11] ». Plus tard, dans son délire, il ira même jusqu'à imaginer des rapports incestueux entre Karl et Johanna. Avec une certaine perversité, il sait jouer du sentiment de culpabilité : « Et quand tu te rends *coupable* envers *moi*, tu ne peux être un homme bien, c'est comme si tu te révoltais contre ton père[12]. »

Fanny del Rio est amoureuse de lui, mais il la regarde à peine et la surnomme « Mme l'Abbesse », ce qui la mortifie. Le père de Fanny, au cours d'un séjour d'été 1816 à Baden, où Beethoven les a invités, conseille à Ludwig de se marier avec une femme douce, aimante et dévouée, le sous-entendu est clair. Il décline la proposition, parlant de la femme qu'il aime depuis cinq ans sans espoir. Est-ce en pensant à elle qu'il a écrit le cycle de lieder « *À la Bien-Aimée lointaine* », sur des poèmes de Jeitteles ? Cette œuvre lyrique, intime, lui est si personnelle qu'il n'y a jamais fait allusion devant ses amis del Rio pendant tout le temps de sa composition : les vers chantent la douleur de l'absence, le désir des retrouvailles, la certitude que l'art seul peut rapprocher les amants. Il dédie ce cycle au prince Lobkowitz qui a perdu sa femme et ne s'en console pas.

S'il ne compose plus guère, il ne reste pas tout à fait inactif. Il songe toujours à partir pour l'Angleterre, où Haydn avait obtenu un grand succès, mais les démêlés de l'affaire Karl, entre autres, vont une fois de plus entraver le projet. Il envisage aussi, avec l'éditeur Steiner, une publication de ses œuvres complètes. Cela sent le bilan. Il est d'ailleurs regrettable que ce projet n'ait pas abouti : Beethoven concevait son œuvre comme un organisme cohérent, un tout à recomposer dans une démarche esthétique globale, comme Balzac sa *Comédie humaine.*

En réalité, il est en plein désarroi. Malade, affaibli, incapable d'assumer vraiment sa « paternité » et les détails matériels du quotidien, il appelle à la rescousse Nanette Streicher, une femme qu'il connaît depuis ses dix-sept ans : c'est la fille du facteur de pianos d'Augsbourg, Johann Andreas Stein, elle-même pianiste et compositeur, qui a repris l'affaire paternelle avec son mari. Une autre bonne fée, comme une mère pour lui qui se voudrait tant père. Elle entend son appel et accourt. Il était temps. Elle reprend en main la maison Beethoven, ce « bateau à la dérive », remet de l'ordre dans la domesticité et peut-être aussi dans les comptes, car l'artiste est décidément en délicatesse avec les réalités et dépense beaucoup trop. Karl lui coûte cher, et il n'est pas un virtuose de la chose ménagère : il ne sait que composer des chefs-d'œuvre.

À Nanette Streicher, il confie ses craintes : il est mal entouré, ses domestiques ont partie liée avec

Johanna (qui maintenant se déguise en homme pour aller voir son fils dans sa pension), ils le volent. Et ils jasent, insinuant que Ludwig et Nanette entretiendraient une liaison. Cette relation forte, unique, cesse presque complètement au début de l'été 1818, salie par la pression sociale et les ragots.

Au début de l'année, il a retiré Karl de l'Institut del Rio pour le prendre chez lui. « Qu'est-ce qu'une institution, auprès de la sollicitude attentive d'un père pour son enfant[13] ? » écrit-il à la comtesse Erdödy. Le voilà éducateur à plein temps. Parfois il s'attendrit sur les délices de la vie de famille, à d'autres moments il rêve d'expédier Karl loin de Vienne. « Il n'y a pas de bon père, c'est la règle, écrivait Sartre dans *Les Mots*. Faire des enfants, rien de mieux. En *avoir*, quelle iniquité[14] ! »

Les choses se gâtent en septembre 1818. Johanna demande au Landrecht, tribunal de la noblesse, de retirer à Beethoven la tutelle de Karl. Commence une pitoyable épreuve judiciaire où Ludwig et Johanna vont s'entre-déchirer. Le tribunal commence par rejeter la demande de la mère. En décembre, Karl s'enfuit chez elle. La police vient le cueillir et l'enferme dans l'Institut Giannattasio. L'affaire se règle devant le tribunal. L'avocat de Johanna, habile, déballe ses arguments : la surdité de l'oncle, ses bizarreries d'excentrique, sa vie déréglée, le fait qu'il a empêché Karl de voir sa mère, les mauvais traitements... Karl témoigne : malgré la volonté de sa mère, il n'a pas voulu retourner chez son oncle de peur d'être maltraité. À la barre, ébranlé, Beethoven se défend mollement — et maladroitement. Il avance même cet argument insensé : il a le projet de placer Karl au Theresianum, une école réservée aux nobles. Est-il noble ? Bien sûr, puisqu'il porte une particule (ce qui est fréquent en Hollande). En somme, il est incapable de prouver sa noblesse : l'affaire de la tutelle est donc renvoyée devant le tribunal civil s'occupant des « citoyens ordinaires ».

Beethoven en est ulcéré, humilié : lui, un citoyen ordinaire ! Car il se sent noble. La vieille histoire du roi de Prusse resurgit dans son esprit : il refusera toujours de la démentir. Noble, il l'est, de toute façon, par son œuvre. Comment pourrait-il en être autrement ? Et en adoptant Karl, il le hisse du même coup au rang de la noblesse : « Par moi, mon neveu s'est trouvé élevé à un niveau social supérieur. Ni lui ni moi n'avons rien à faire avec le Magistrat. Car seuls les aubergistes, les cordonniers, les tailleurs relèvent de ce type de tutelle[15]. »

Démocrate, progressiste, plébéien, et se rêvant noble, pour les besoins de la cause il est vrai : il n'est pas le premier, ni le dernier, à manifester cette contradiction.

Mais le tribunal n'est pas de cet avis : le 26 mars 1819, la tutelle de Karl lui est retirée. Le Magistrat refuse même, malgré l'intervention d'Antonie Brentano, que le garçon soit envoyé en Bavière, à l'université de Landshut. Finalement, Karl sera placé pour quatre années dans une pension à Vienne.

Beethoven n'aura été « père » que pendant quelques mois. Il est comme possédé. Enragé, révolté, il passe vis-à-vis de Karl de la haine à l'amour fou. « C'est un propre à rien[16] », écrit-il à son ami Bernard. « C'est un monstre[17]. » « Mon amour pour lui s'en est allé. Il avait besoin de mon amour. Moi, je n'ai pas besoin du sien[18]. » À d'autres moments, il « l'aime toujours comme auparavant[19] », il « pleure souvent pour lui[20] ».

Finalement, le 17 septembre 1819, la tutelle est confiée à Johanna, avec pour cotuteur un employé municipal, « homme honnête et capable[21] ». Ce pourrait être la fin de l'affaire, mais Beethoven ne lâche rien. Il voudrait enlever Karl, y renonce, se lance dans la rédaction d'un mémoire de quarante-huit pages dont la lecture est consternante venant d'un tel personnage : dénigrement, rappel appuyé des « turpitudes » de Johanna et de ses fautes passées, autojustification, cette « communication sur la femme Beethoven » est un véritable tissu d'horreurs trahissant une haine irrationnelle, assaisonnée d'un sentiment de persécution dont on sourirait s'il n'était le symptôme d'une grande douleur : « Moi aussi je suis un être humain traqué de toutes parts comme une bête sauvage, mal compris, souvent traité de la plus vile façon par cette autorité vulgaire ; avec tant de soucis, et en lutte constante contre ce monstre de mère qui a constamment cherché à étouffer tout ce que j'ai produit de bon[22]. »

Il s'obstine, avec cette opiniâtreté des esprits monomaniaques. Il fait jouer ses relations, au premier rang desquelles l'archiduc Rodolphe, pour obtenir une modification du jugement. L'appel est jugé le 29 mars 1820, en sa faveur. Cette fois, les supplications de Johanna auprès de l'empereur seront sans effet.

Comme si elle voulait tirer un trait sur cette lutte épuisante, elle tombe enceinte, au printemps de 1820, d'un homme au demeurant fort honorable qui reconnaîtra l'enfant — une fille. Beethoven ne manque pas d'y voir une nouvelle preuve de son « immoralité ».

Une messe pour l'humanité

La misérable affaire Karl, qui contient quelques autres péripéties mineures, nous intéresserait fort peu si elle ne correspondait, chez Beethoven, à un temps de mutation profonde sur le plan artistique.

Même pendant ces années de relative stérilité créatrice, il reste la figure dominante de la vie musicale viennoise, et au-delà : sa renommée s'étend maintenant à toute l'Europe. Ses œuvres sont jouées régulièrement. De 1816 à 1817, des dizaines de concerts se donnent, qui témoignent de la place qu'il occupe. Sonates, symphonies, ouvertures, quatuors sont repris régulièrement devant des publics qui acceptent ses œuvres dans leur ensemble, même si les réactions restent inégalement enthousiastes : au concert du 16 décembre 1816, sa *Septième Symphonie* est mollement applaudie. Serait-il en train de passer de mode ? La tiédeur des réactions provoque toujours chez lui des remarques acerbes de lion blessé : « L'art ne s'élève plus aussi haut au-dessus du vulgaire, il n'est plus aussi estimé, et surtout plus aussi apprécié[1]. »

Sa surdité est désormais totale. À partir de 1818,

aucun des appareils dont il fait usage, cornets acoustiques de formes et de tailles variables, traitements, cures thermales, plus rien ne peut lutter contre cette évidence : son système auditif est complètement détruit. Le facteur de piano Streicher, le mari de Nanette, lui fabrique un double pavillon adaptable au piano pour augmenter le volume sonore de l'instrument : en vain. Il ne communiquera plus avec le monde extérieur que par le truchement de ses *Cahiers de conversation*.

Cette infirmité a naturellement beaucoup contribué à exhausser sa légende, sa figure romantique de martyr de son art. Son état lui interdit de se produire en public comme pianiste, et même comme chef d'orchestre, car il est toujours en avance ou en retard de quelques mesures sur l'orchestre, ce qui peut produire l'effet tragi-comique d'un pantin continuant à gesticuler frénétiquement (sa technique de direction est assez démonstrative) alors que la musique s'est tue. En 1822, la générale d'une reprise de *Fidelio*, où Beethoven a tenu à diriger lui-même, se passe mal : il doit renoncer, à son grand désespoir d'après Schindler, témoin du drame.

Mais dans son cas, la surdité ne gêne en rien le travail de la composition. La musique est pour Beethoven ce que la peinture est pour Léonard de Vinci : *una cosa mentale*. Des constructions prodigieuses naissent dans son esprit, qu'il n'a plus besoin d'entendre. Telle est la force d'une pensée tout entière confondue avec un univers dont la réalité sonore, si elle lui manque cruellement, n'est pas indispensable : c'est au moment où sa surdité de-

vient totale qu'il conçoit ses œuvres les plus profondes.

Au fond de sa solitude, il ressent le besoin de
revenir aux valeurs fondamentales de son art : il
retourne à l'étude, à la lecture des maîtres, surtout
Bach et Haendel. Chez Bach, il puise des leçons de
forme, en particulier celle de la fugue, qu'il a quelque peu négligée jusqu'alors, mais dont il prou-
vera dans ses dernières œuvres que les prodigieuses possibilités sont loin d'être épuisées.

Sa vie intime est un échec : il ne se mariera pas,
n'aura jamais d'enfant à lui, le pauvre Karl n'étant,
pour son malheur, qu'un substitut fantasmatique.
Sa vie publique est achevée : la surdité l'empêche
de se produire et d'entretenir des relations « nor-
males » avec ses contemporains. Que lui reste-t-il ?
Réinventer la musique, ouvrir des voies inexplo-
rées. Cela explique sans doute en partie la raréfac-
tion de sa production : ce qu'il sait faire avec virtuosité en se coulant dans des moules éprouvés, y
compris inventés par lui-même, ce qu'il a accompli en opérant la synthèse de diverses influences
qu'il a largement transcendées, tout cela ne l'intéresse plus vraiment. « Au fond de l'inconnu pour
trouver du nouveau[2] », écrira Baudelaire trente
ans plus tard.

La métamorphose se prépare lentement. C'est
dans la musique de chambre, sonates pour piano
et quatuors, que le « dernier Beethoven » conçoit
les réalisations les plus déconcertantes, les constructions les plus visionnaires. On en ressent les prémices
dès la *Vingt-huitième Sonate* op. 101, sur laquelle

il a travaillé pendant dix-huit mois, une durée tout à fait inhabituelle chez lui : il s'agit d'accomplir la difficile fusion entre le renouveau d'un genre musical et l'héritage de Bach : écriture contrapuntique (son obsession, sa hantise, son écueil, qu'il finira par vaincre souverainement...), simplicité des motifs se développant dans des combinaisons de plus en plus complexes. Pour la première fois, il emploie à propos de cette sonate le terme de *Hammerklavier* : par ce mot allemand, il veut marquer qu'il ne s'agit plus d'une œuvre pour le piano-forte classique, mais qu'il l'a conçue en pensant aux nouvelles possibilités de l'instrument. Toute sa vie, Beethoven s'est passionné pour les techniques de fabrication. Très tôt, on l'a dit, il martyrisait le pianoforte que l'on jouait trop souvent comme un clavecin. Et c'est en allemand, pour cette *Vingt-huitième Sonate* op. 101, qu'il donne des indications d'interprétation.

La sonate suivante, la *Vingt-neuvième* op. 106, porte bel et bien quant à elle le sous-titre de « Große Sonate für Hammerklavier ». Ce n'est certes pas la plus populaire de Beethoven, mais c'est sans doute la plus mythique avec la *Trente-deuxième* — et la terreur des pianistes : monumentale, complexe, cette sonate-symphonie est indubitablement un sommet de la littérature pianistique.

Beethoven y voyait, au moment de sa composition, « sa plus grande œuvre ». L'ayant achevée, il déclara à un ami : « Maintenant, je sais écrire[3]. » C'est comme une résurrection, après une longue période d'incertitude. Il la compose pour l'essentiel pendant l'été 1818, à Mödling, dans un de ces paysages agrestes qu'il aime tant.

À Mödling, pour l'anecdote, sévit d'ailleurs un curé à qui Beethoven gardait une dent féroce, car il témoignera contre lui dans le procès Karl. Pendant ce séjour estival, il a confié son neveu à cet ecclésiastique dont on lui vantait les talents de pédagogue. Mais l'homme est une brute, dont les méthodes éducatives se révèlent musclées et un rien sadiques. Beethoven a tôt fait de retirer Karl des griffes de ce chrétien peu charitable, ce dont le saint homme lui garde rancune.

La sonate *Hammerklavier*, hérissée de difficultés, est injouable par des pianistes de niveau moyen. « Elle est, écrit Charles Rosen, une pointe extrême de son style. Jamais plus il n'écrira d'œuvre où l'obsède à ce point le souci de concentrer. [...] il s'agit d'une tentative délibérée de créer une œuvre nouvelle et originale d'une grandeur sans concessions[4]. »

Beethoven sait qu'il a franchi une limite, écrit une œuvre pour l'avenir : « Voilà une sonate qui donnera de la besogne aux pianistes lorsqu'on la jouera dans cinquante ans[5] », dit-il à l'éditeur Artaria. Et à Ries, qui doit publier la sonate en Angleterre, il exprime presque des excuses pour la difficulté de l'œuvre : qu'il n'hésite pas à publier les mouvements séparément s'il le juge bon : « La sonate a été créée dans des conditions matérielles difficiles, car il est dur de composer presque uniquement pour gagner son pain, et c'est *tout* ce que j'ai pu réaliser[6]. » Bien sûr, il masque ses véritables intentions, comme effrayé de son audace : il faut écouter la grande fugue du quatrième mouvement, simple dans son motif, incroyablement complexe dans ses développements : comment une telle musique put-elle être entendue par des auditeurs de 1820 ? Réponse : elle ne le fut guère, sinon en privé. Les pianistes, tels Czerny ou Ries, épouvantés par sa difficulté, renoncent à la jouer en public. Nanette Streicher s'efforce de la maîtriser mais, au bout de trois mois, elle ne parvient à jouer que le premier mouvement. Il faudra attendre 1836 pour que Franz Liszt, seul capable de se mesurer avec le monstre et de le terrasser, crée l'œuvre à Paris.

Il y a des romans pour romanciers, il y a aussi des musiques pour musiciens. Aujourd'hui encore, la sonate *Hammerklavier* déconcerte. Mais si l'on se donne le privilège, aisément accessible, d'en pénétrer les beautés vertigineuses, en particulier la profondeur recueillie de l'adagio, elle donne une idée de ce que peut être un absolu de la musique, à l'instar des *Variations Goldberg* de Bach ou de la *Sonate en si mineur* de Liszt : sensible et débarrassée de toute sensiblerie, cherchant la beauté et l'émotion dans une quête éperdue de la forme idéale.

À partir de 1819, Beethoven communique donc à l'aide de ses fameux *Cahiers de conversation*. Étranges documents. Ce sont ses interlocuteurs qui écrivent, puisqu'il n'entend goutte. Quant à lui, il répond, paraît-il, d'une voix si forte et par des propos si tonitruants qu'on le supplie souvent de baisser d'un ton : la police de Metternich est à l'écoute, les espions de l'empereur rôdent dans Vienne, et les opinions de Beethoven et de ses amis ne sont guère en accord avec le régime. On lui prédit même qu'il finira sur l'échafaud s'il continue à se répandre ainsi en propos subversifs.

Est-ce pour cela que Schindler, son factotum jusqu'en 1824 (Beethoven, exaspéré de ses manières possessives et de ses prétentions, le mit à la porte sans ménagement), ne conserva que cent trente-neuf de ces carnets sur les quatre cents qu'il récupéra à la mort du musicien, avant de les trafiquer largement dans le sens qu'il souhaitait, puis de les vendre au roi de Prusse, en 1840, contre une rente à vie ? Il y a sans doute bien d'autres raisons que la prudence politique : jalousie, pudibonderie (les conversations de Ludwig avec ses amis prenaient parfois un tour scabreux), volonté de falsifier l'image de Beethoven dans un sens hagiographique. Pourtant, Schindler n'a pas tout détruit et les conversations de 1820 résonnent d'échos très revendicatifs. Avec ses amis, le journaliste Bernard, Oliva, l'avocat Bach qui a plaidé pour lui lors du procès Karl, s'échangent des propos fulminants contre Metternich, contre la Sainte-Alliance, et même contre l'archiduc Rodolphe, qualifié par Oliva de « zéro ». Mais celui-là, Beethoven le ménage. On va même, en évoquant la bêtise tatillonne du régime et la mesquinerie de l'empereur, qui aggrave pour son bon plaisir des peines judiciaires déjà prononcées, jusqu'à regretter l'échec de Napoléon, ce grand homme attaché aux droits des peuples et aux idéaux de la Révolution. *Sic transit...*

L'archiduc Rodolphe, justement, doit être intronisé comme archevêque d'Olmütz en mars 1820. Beethoven y voit une occasion de se faire nommer, enfin, maître de chapelle. Et propose à l'archiduc, dès mars 1819, de composer une messe pour la cérémonie. Il pense pouvoir s'acquitter de la tâche en quelques mois : il lui faudra quatre années de labeur acharné pour venir à bout de cette *Missa solemnis*.

L'idée d'écrire une nouvelle messe le taraude depuis longtemps — en fait depuis la lecture d'un article de E. T. A. Hoffmann datant de 1814, qui appelait de ses vœux une renaissance de la musique sacrée : non pas cérémonial liturgique, mais langage spirituel, hymne au Créateur excédant largement le discours religieux. La religion, phénomène historique et social, n'est plus la seule instance à même de prendre en charge la dimension spirituelle de l'être, loin s'en faut. La *Missa solemnis*, sans doute l'œuvre la plus imposante dans ce genre avec la *Messe en si* de Bach, n'est certes pas seulement une messe de plus au service de l'institution catholique, pour laquelle il éprouve des sentiments mêlés, somme toute assez tièdes. Beethoven veut mettre l'accent sur un idéal spirituel essentiellement humain : l'humanité parvenant à un haut degré de spiritualité trouve elle-même le chemin de son salut. L'auteur des *Créatures de Prométhée* ne conçoit pas de société humaine acceptable qui n'ait atteint à cette liberté spirituelle — et politique — à laquelle il aspire.

Beethoven, que « papa Haydn » taxait plaisamment d'athéisme, est sur le plan religieux un vrai fils des Lumières. Né catholique, il reste chrétien, mais son christianisme est peu conformiste. Il aurait même failli se faire arrêter dans un café, en 1819, pour avoir clamé haut et fort que le Christ n'était après tout qu'un « juif crucifié ». Il est déiste. C'est-à-dire qu'il croit à un Créateur, à une transcendance. Sa foi est syncrétique et il s'y mêle d'autres influences. Le dogme catholique et sa stricte observance lui sont indifférents. Au-dessus de sa table de travail, il a suspendu ces inscriptions du temple de la déesse Neith à Saïs, copiées de sa main : « Je suis ce qui est » ; « Je suis tout ce qui est, ce qui a été, et ce qui sera ; aucun mortel n'a soulevé le voile qui me couvre » ; « Il est l'unique de lui-même, et toutes choses lui doivent leur existence ».

Ce dieu voltairien, inconnaissable, immatériel, il le vénère pourtant, à sa façon : « Oh ! Dieu ! donne-moi la force de me vaincre[7] ! » écrivait-il en 1812. Et on l'a vu, dans ses moments de détresse, il invoque souvent Son secours et Son pardon.

Dans la *Missa solemnis*, Beethoven suit scrupuleusement le texte liturgique. Il se l'est même fait traduire en allemand pour être sûr de ne négliger aucun mot. Tout est dans la manière de le traiter : évoquant le *Credo*, Romain Rolland note « ce fait paradoxal que J.-S. Bach, qui était protestant, a, dans un air de basse, avec des vocalises fleuries, copieusement célébré "la Sainte Église catholique et apostolique", alors que le catholique Beethoven s'en est étrangement débarrassé, dans un chuchotement précipité du seul ténor, parmi l'ensemble des voix qui n'en soufflent mot[8]. »

La *Missa solemnis* est-elle une œuvre religieuse ? Mystique ? À vrai dire, sa spiritualité est une forme transcendée d'humanisme : c'est une messe pour l'humanité plus que pour Dieu — en tout cas il ne s'agit pas d'une nouvelle œuvre de propagande pour l'Église catholique où Beethoven n'eût jamais atteint à cet universalisme, à cette profondeur. D'où aussi l'embarras qu'elle suscite auprès des plus grands chefs d'orchestre : trop souligner ses aspects baroquisants, c'est l'amoindrir ; en faire une œuvre religieuse, c'est gommer sa dimension profane : la foi qu'elle exprime n'est réductible à aucune catégorie.

Sur le plan de la composition, cette messe est le fruit de longues études entreprises dans les bibliothèques du prince Lobkowitz et de l'archiduc Rodolphe, à la recherche de partitions de musique ancienne et d'ouvrages sur la liturgie. Beethoven étudie les œuvres sacrées de Palestrina, de Haendel, de Bach. L'exemple du *Messie* de Haendel le conduit à considérer davantage sa messe comme un oratorio que comme une œuvre liturgique. Comme le note Élisabeth Brisson : « Il ne se posait plus en humble serviteur du culte catholique, mais en créateur dont la mission était de faire éprouver aux hommes la transcendance[9]. » Prométhée, encore...

Ces recherches, cette élaboration minutieuse et

difficile pour une œuvre dont il veut faire le sommet de son art et la synthèse de toutes les musiques religieuses antérieures, expliquent largement que la *Missa solemnis* soit ce « mélange de styles archaïques et modernes, plus profondément enraciné dans des traditions anciennes que toute œuvre de Beethoven, avec pourtant la grandeur et l'élan dynamique d'un style symphonique issu de la sonate[10]. »

En mars 1820, la messe n'est pas prête. La loi impérieuse de l'œuvre s'accommode mal des obligations officielles : l'archiduc Rodolphe se passera de la *Missa solemnis*. Beethoven ne l'achève qu'à la fin de 1822. Que faire d'un pareil monument ? Il songe à proposer une souscription à différents souverains européens. Il leur écrit, présentant sa messe comme « le plus réussi des ouvrages de son esprit[11] ». Il cherche aussi à la vendre à plusieurs éditeurs, se fâche pour de bon avec Franz Brentano, qui lui a avancé de l'argent suite à une promesse de contrat, et qu'il refuse de rembourser. Il suggère même que la messe peut être exécutée comme un grand oratorio à l'occasion d'un concert profane. La proposition est plus qu'audacieuse : provocatrice. Dans la Vienne impériale, il est interdit de jouer des messes en dehors des églises. Pour contourner l'interdiction, il en fera donner des extraits (le *Kyrie*, le *Credo*, l'*Agnus dei*) lors du concert du 7 mai 1824, avec la *Neuvième Symphonie*. Et pour éviter les foudres de l'autorité, il les appellera des « hymnes »…

La messe ne l'occupe pas exclusivement pendant toutes ces années. Le « dernier Beethoven[12] », comme l'appelle Rémy Stricker, est aussi l'auteur d'œuvres pour piano que leur date de composition et le fait qu'elles sont ses dernières importantes, pour cet instrument, nous font considérer comme des aboutissements quasi testamentaires.

Après la conclusion, heureuse pour lui, du procès qui l'a opposé si violemment à sa belle-sœur, il écrit entre 1820 et 1822 ses trois dernières sonates, et poursuit la composition des *33 variations sur une valse de Diabelli*.

Les trois dernières sonates (op. 109, 110 et 111) constituent un ensemble d'une telle homogénéité stylistique qu'elles sont souvent jouées ou publiées ensemble. On se souvient d'un inoubliable concert, l'interprétation de ces trois sonates, à Londres, par Maurizio Pollini. Son jeu ne se contentait pas de donner à entendre ces sonates inépuisables, d'un lyrisme emporté mêlé à une rigueur formelle implacable : il les expliquait, l'intelligence analytique de ses doigts en révélait le mystère.

Beethoven travaille à la sonate op. 109 pendant l'été 1820, à Mödling. Sa messe n'est pas finie, la cérémonie est passée : plus rien ne presse vraiment. Il se tourne vers son instrument fétiche, son refuge, le compagnon de ses confidences les plus intimes.

Il est malade, une jaunisse, maladie qui le « dégoûte », écrit-il à l'archiduc. Ces affections hépatiques sont les prémices de la cirrhose qui finira par l'emporter. L'alcool n'y est pas étranger. Il boit sec, du vin et de la bière. Jamais plus d'une bouteille par repas assure-t-il, d'ailleurs le bon vin de Hongrie lui est conseillé par la faculté, qui peut se tromper : sur un organisme affaibli, en proie à de constantes coliques, ce régime opère de lents ravages. Il aime aussi s'abreuver de bière dans les tavernes, tout en grignotant des harengs saurs et en fumant quelques pipes. Son régime alimentaire est dans l'ensemble désastreux, étant donné ses fragilités digestives et hépatiques : beaucoup de gibier, qu'il considère comme la nourriture la plus saine car la plus naturelle, des fromages, des viandes... De quoi s'empoisonner lentement et se préparer à la goutte.

Cela n'altère pas son inspiration. La *Trentième Sonate*, mélange d'improvisation et d'écriture contrapuntique, frappe par une liberté de plus en plus affranchie des règles classiques. L'année suivante, il compose l'opus 110, cette *Trente et unième Sonate* que l'on compare souvent au *Quinzième Quatuor* : une œuvre très « autobiographique », où s'exprime la lutte victorieuse contre la maladie et l'anéantissement, évocation d'un drame intérieur qui se résout dans des tensions extrêmes, « pour mettre en valeur l'intervention d'une volonté à l'origine d'un moment (et d'un monde) créé par et pour l'homme[13] ».

Mais c'est la *Trente-deuxième Sonate en ut mineur* op. 111 qui réserve le moment le plus ahurissant de toute l'œuvre pianistique de Beethoven. Construite en deux mouvements, selon un mode de pensée dualiste — ou non conclusif —, l'œuvre est une véritable *Divine Comédie* à laquelle manquerait le Purgatoire : elle commence par un discours sombre et violent comme l'Enfer, puis c'est comme une montée vers les cieux dans l'arietta, long développement de variations, forme où s'expriment les idées les plus libres qui s'élèvent dans une méditation extatique : ces trilles du deuxième mouvement, venant après un long passage rythmé qui semble une improvisation de jazz, exhaussent la pensée musicale jusqu'à une ferveur presque apaisée. Comme l'écrit Alfred Cortot, « tout est rayonnement, et, dans l'extrême fin, rayonnement qui se perd, se diffuse[14] ». C'est, ajoutait Romain Rolland, « une des paroles les plus hautes qui soient sorties de la bouche de Beethoven[15] ».

Cette sonate est publiée pour la première fois à Paris, en 1923, par l'éditeur Maurice Schlesinger, futur mari d'Élisa Schlesinger, qui sera le premier amour de Gustave Flaubert, et le modèle de Mme Arnoux dans *L'Éducation sentimentale*. L'Europe de la culture est en route...

Cette sonate élève l'esprit à des sommets qui font honneur au génie humain. Mais la mine de son auteur n'en est pas plus avenante. À l'automne 1821, dans un café, probablement éméché, il braille, il se tient mal selon les critères répressifs du temps. On l'embarque. Il hurle qu'il est Beethoven. Et moi, dit le policier, je suis l'empereur. Il passe la nuit en prison, écumant, avant d'être libéré par Herzog, le directeur musical du Wiener Neustadt.

C'est quelques mois plus tard, en 1822, qu'il

rencontre Gioacchino Rossini, de passage à Vienne. Le jeune auteur (il a trente ans) du *Barbier de Séville* triomphe dans toute l'Europe. En 1816, il a été littéralement porté en triomphe à la première du *Barbier*. Sa gloire commence même, à Vienne, à éclipser celle de Beethoven : une musique brillante, fraîche, extraordinairement dynamique et inventive — et un sens inné du théâtre —, voilà ce qu'il faut à un public avide de retrouver le goût du plaisir et de l'insouciance, après une longue période de guerres et d'horreurs. Le grand Stendhal lui-même, fou de musique, place Rossini au-dessus de tout (avec Cimarosa et les épinards), tandis qu'il se montre très réservé, sinon muet, sur la musique de Beethoven.

Que se sont-ils dit ? Beethoven aurait eu des mots aimables pour Rossini, dans une entrevue écourtée aux échanges rendus difficiles par la barrière de la langue et la surdité, tout en lui déconseillant de s'essayer à l'*opera seria*, peu adapté selon lui à l'esprit, au tempérament, et même aux compétences musicales des Italiens. Il est clair qu'il tient Rossini pour un aimable amuseur.

Son œuvre à lui prend un tour de plus en plus austère, si l'on excepte quelques amusettes musicales que son humour lui inspirera jusqu'au bout, comme le fameux canon de 1826, *Es muss sein*, dont on retrouve le motif, magnifié, dans le *Seizième Quatuor*.

Pour l'heure, en 1823, il achève la composition des *Variations Diabelli*, cet autre monument pour le piano dédié à Antonie Brentano. Anton Diabelli est un éditeur de musique, qui taquine la muse à ses heures ; il a, au début de 1819, proposé à une cinquantaine de compositeurs, dont Czerny, Schubert, le jeune Liszt, le fils Mozart — et Beethoven, d'écrire des variations sur une petite valse de sa composition : son ambition, qui ne manque pas d'intelligence, est de susciter un condensé, un état des choses, comme une synthèse de tout ce qui se fait en musique à ce moment de son histoire, et de le publier. Le morceau initial est une bluette, sautillante et assez stupide, un « *Schusterfleck* », dit Beethoven, c'est-à-dire une « pièce de cordonnier » fabriquée en série. Sur cette base sans intérêt, Beethoven va relever un défi insensé et composer une somme pianistique vertigineuse, la plus longue qu'il ait jamais écrite. Son élaboration dure de 1819 à 1823, preuve qu'il y accordait une importance considérable, et qu'à partir de ce rien il entendait créer un monde : un monde complexe, divers, d'une difficulté d'exécution redoutable (les *Variations Diabelli* ne seront jouées en public qu'en 1856 par Hans von Bülow, élève de Liszt), qui porte à l'incandescence, dans le sillage du Bach des *Variations Goldberg,* l'art de la variation, principe premier de toute musique : elle est l'outil de permanentes métamorphoses nées du thème initial, que Beethoven ne manque pas de parodier avec humour, jusqu'à la dissolution finale où il s'élève à une pureté céleste. Avec le matériel le plus banal, le plus trivial qui soit, Beethoven montre que la musique est un art de la transfiguration.

On connaît mieux le Beethoven de ces années-là grâce au témoignage d'un écrivain qu'il ne porte pourtant pas dans son cœur : Frédéric Rochlitz. Ce romancier et musicologue a été le rédacteur en chef de l'*Allgemeine Musikalische Zeitung*, et n'a jamais beaucoup ménagé Beethoven. Mais il séjourne à Döbling pendant l'été 1822, et demande à le rencontrer :

Haslinger nous présenta l'un à l'autre. Beethoven parut content, mais il était troublé. Et si je n'y avais pas été préparé, sa vue m'aurait troublé aussi : non par son extérieur négligé, presque sauvage, non par la chevelure noire, épaisse, hirsute, qui entourait sa tête, et autres choses semblables, mais par l'ensemble de son aspect. Imagine-toi un homme d'une cinquantaine d'années, plutôt petit que moyen, mais d'une stature très puissante, vigoureuse, ramassée, d'une charpente solide surtout, à peu près comme était Fichte, mais plus potelé, la figure surtout plus pleine, plus ronde ; le teint frais, rouge, des yeux inquiets, brillants, presque perçants quand ils regardent fixement ; pas de mouvements, ou rapides : dans l'expression de la physionomie, de l'œil surtout, rempli de vie et d'esprit, un mélange ou une alternance perpétuelle de bonhomie très cordiale et de crainte ; dans toute son attitude cette tension, cette inquiétude aux écoutes des sourds qui ont une sensibilité très vive ; jetant un mot gai et sans contrainte, et, tout de suite après, retombant dans un silence farouche ; et pourtant on ne peut s'empêcher de se dire : Voilà l'homme qui donne la joie à des millions d'hommes, rien que la joie, — pure, spirituelle[16] !

La joie pure, c'est celle qu'il veut maintenant offrir à l'humanité entière, dans ce qui sera son œuvre la plus grandiose : la *Neuvième Symphonie*.

La *Neuvième Symphonie*

Durant l'été 1822, Beethoven séjourne à Teplice, puis à Baden pour une nouvelle cure, accompagné par Anton Schindler devenu son factotum. C'est là qu'il compose, très rapidement, l'ouverture de *La Consécration de la Maison*, pour la réouverture du théâtre in der Josephstadt — une œuvre écrite « à la manière de Haendel », décidément son compositeur préféré, celui auquel il voue une vénération, tant pour sa rigueur d'écriture que pour sa capacité à élaborer de complexes et lumineuses rhétoriques musicales à partir de matériaux très simples.

En novembre, à Vienne, la reprise de *Fidelio* est un grand succès. La jeune interprète du rôle, Wilhelmine Schroeder, fait montre d'un tel talent théâtral, d'une telle présence en scène, que Beethoven en est enthousiasmé. Mais Schindler raconte, sur le ton lacrymal et grandiloquent qui le caractérise, que cette représentation est en réalité un calvaire pour le compositeur : il a tenu à diriger lui-même l'orchestre lors de la générale, ce dont il est désormais incapable car il n'entend rien. Il ralentit la

musique, les chanteurs accélèrent. Il faut l'inter-
rompre, lui expliquer, le remplacer. Il quitte le
théâtre en trombe, rentre chez lui, demeure pros-
tré de longues heures, désespéré.

Ce jour fatal de novembre fut le plus douloureux de toute la
carrière du pauvre maître, si durement éprouvé. Quelles que
fussent les angoisses par où il avait passé, il n'avait jamais été
frappé plus durement. Trop souvent j'ai eu l'occasion de le
voir visiter par le chagrin, et plus d'une fois je l'ai vu se cour-
ber sous le poids de ses infortunes ; mais toujours après un
moment de prostration il relevait la tête et triomphait de
l'adversité ; cette fois il était atteint dans ses forces vives, et
jusqu'au jour de sa mort il vécut sous l'impression de cette
scène terrifiante[17].

Le soir de la représentation il assiste au spectacle, les yeux fous, enfermé dans un monde de silence
et de bourdonnements douloureux.

Dans le même temps, il reçoit une commande :
le prince russe Nicolas Borissovitch Galitzine, violoncelliste amateur et amoureux de sa musique,
lui demande de composer trois quatuors, au prix
qui lui conviendra. Beethoven accepte, en préci-
sant qu'il ne peut rien promettre quant au délai de
livraison.

Car un autre projet l'accapare tout entier : celui
de la *Neuvième Symphonie*. Aucune pression ne
peut le détourner de ce travail. Ses amis Lichnowsky et Dietrichstein le supplient de composer une
messe pour l'empereur : il se laisse vaguement tenter avant de renvoyer le projet aux calendes grec-
ques, car le « cahier des charges » est vraiment
trop contraignant. Ce n'est pas ainsi qu'il s'assu-

rera la protection de la Cour, qui vient une nouvelle fois de lui refuser la charge de maître de chapelle, en supprimant le poste ! D'ailleurs, au début
de 1823, il vient à peine d'achever la composition,
harassante, de la *Missa solemnis*.

De la même façon, il rejette les sollicitations ré-
pétées qu'on lui adresse d'écrire un nouvel opéra.
Fidelio ne vient-il pas d'obtenir un beau succès ?
L'opéra allemand a besoin de telles œuvres, pour
faire pièce au triomphe des Italiens et de leurs
opéras bouffes. Beethoven en est bien conscient. Il
est d'ailleurs aux petits soins pour Carl-Maria von
Weber, qui a rencontré la gloire deux ans plus tôt
avec son *Freischütz*. À quelque temps de là, il le
reçoit à dîner avec des amis : « Cet homme fruste
et repoussant me fit bel et bien la cour et me ser-
vit à table avec autant de soin que si j'avais été
une dame[18] », témoigne le musicien.

Mais quant à lui, le projet d'un nouvel opéra
est hors de saison. Lichnowsky lui propose des
sujets : des tragédies de Voltaire, *Zaïre*, *Mahomet*,
et même un *Phèdre*, que Voltaire n'a pourtant
jamais écrit. Son ami, l'avocat Bach, lui suggère
de reprendre le vieux projet de la *Conjuration de
Fiesque* de Schiller : en vain. Revoilà même Gallenberg, l'époux de Giulietta Guicciardi, qui vi-
vote en essayant de jouer les hommes de spectacle
tandis que la toujours belle Giulietta épuise ses
amants : il tente quelques approches auprès de
Beethoven, qui refuse tout net. On comprend qu'il
n'ait guère envie de fréquenter le couple. Les
vieilles blessures saignent longtemps.

Puis c'est au tour de Franz Grillparzer, le jeune poète dramatique déjà célèbre, souvent en délicatesse avec la censure pour ses idées religieuses peu orthodoxes, qui se lie d'amitié avec le compositeur et lui propose sa collaboration : un opéra féerique sur Mélusine. Beethoven aime bien Grillparzer, qui lui témoigne une admiration sans bornes. Mais la proposition d'un opéra sur Mélusine lui semble un peu futile. En matière d'opéra, son seul vrai désir, son ambition suprême, serait de composer un *Faust*, ainsi qu'il l'écrit en avril 1823 :

Je n'écris pas seulement ce que j'aimerais le mieux, mais ce dont j'ai besoin, à cause de l'argent. — Cela ne veut pas dire pour cela que j'écris *uniquement* pour l'argent. — Ce temps-là passé, j'espère enfin écrire ce qui est le plus haut pour moi et pour l'art — *Faust*[19].

Et de fait, à ce moment de l'histoire, y a-t-il un sujet plus digne de lui, qui puise au plus profond de la culture allemande, au cœur des légendes germaniques et du questionnement métaphysique de l'homme face à la mort, et au choix de son propre destin ?

La vie et l'œuvre... Il est troublant de songer à l'existence de Beethoven pendant cette année 1823, au plus fort de la composition de la *Neuvième Symphonie*, ce monument à la joie, ce rêve de fraternité universelle. Car rien ne va. La souscription pour la *Missa solemnis*, projet dans lequel il s'obstine, ne recueille guère d'échos. L'archiduc Rodolphe, en séjour à Vienne, le harcèle : « Le séjour du cardinal ici a duré quatre semaines, pendant lesquelles je devais lui donner tous les jours deux heures et demie à trois heures de leçons, écrit-il à Ries, il m'a volé beaucoup de temps[20]. » Le travail d'un artiste consiste aussi à se protéger des fâcheux...

Comme si la surdité ne suffisait pas, ses yeux le trahissent. En avril, une conjonctivite aiguë l'empêche de lire et d'écrire, ordre de la faculté. Il passe outre, mais le travail sur sa symphonie en souffre.

C'est durant ce mois d'avril qu'il accepte de rencontrer un enfant dont on lui a dit merveille, un prodige, un virtuose, nommé Franz Liszt. Il a onze ans et donne déjà des concerts où ses dons d'improvisateur impressionnent. Il ne rêve que de rencontrer Beethoven. Il prie même Schindler d'intercéder auprès du maître pour qu'il lui donne un thème, scellé dans une enveloppe, qu'il ouvrira au prochain concert pour en tirer une improvisation. Beethoven ne va pas au concert — qu'y entendrait-il ? Mais quelques jours plus tard, le jeune Liszt frappe à sa porte, accompagné de son maître, Czerny. Un demi-siècle plus tard, Liszt a laissé le témoignage de cette rencontre, peut-être enjolivé par les années :

Il nous regarda un moment d'un air sombre, échangea quelques paroles rapides avec Czerny, puis resta silencieux, lorsque mon bon maître me fit signe de me mettre au piano. Je jouai d'abord un petit morceau de Ries. Lorsque j'eus fini, Beethoven me demanda si je pourrais jouer une fugue de Bach. Je choisis la fugue en ut mineur du *Clavecin bien tem-*

péré. « Pourrais-tu aussi la transposer dans un autre ton ? »
me demanda Beethoven. Par bonheur, je pus le faire. Après le
dernier accord, je le regardai. Perçant, le regard ardent et sombre du grand maître se posa sur moi. Mais soudain un bon
sourire adoucit ses traits ; Beethoven s'approcha tout près, se
pencha vers moi, posa sa main sur ma tête, et me caressant
plusieurs fois les cheveux, il murmura : « Diable de gamin !
Voilà un drôle ! [...] Va ! Tu es un heureux et tu rendras heureux d'autres hommes. Il n'y a rien de mieux, de plus beau[21]. »

Ce même mois d'avril, il a la joie de retrouver
le violoniste Ignaz Schuppanzigh, de retour de
Russie. Celui-là est un ami. Ils se connaissent depuis plus de vingt ans. Schuppanzigh a toujours
défendu ardemment les quatuors de Beethoven, les
jouant avec son ensemble aussi souvent que possible. Beethoven a composé pour lui un canon humoristique, *Éloge de l'obèse.* Car Schuppanzigh
ne passe pas inaperçu : il est énorme, truculent,
Ludwig l'appelle « Mylord Falstaff ». C'est à lui
qu'il confie les projets qui correspondent à son désir le plus profond, écrire de nouveaux quatuors.
Son refuge, la forme idéale où épancher ses médi-
tations et sa pensée musicale. Loin des effets tonitruants de l'orchestre, le quatuor, par l'économie
de ses moyens et la perfection idéale d'une formation réduite, permet d'atteindre à l'épure. Dès son
retour, le bon Schuppanzigh entreprend d'organiser des concerts avec sa formation, pour rejouer
d'anciens quatuors de Beethoven, le huitième et le
dixième. Le succès est mitigé. Comme si cette musique, austère, grave, profonde, était passée de
mode à Vienne.

Beethoven est loin de la ville. Il est parti pour l'été à Hetzendorf, invité par le riche baron de Pronay, qui le loge luxueusement dans son château. Un été de labeur intense, occupé à la tâche immense de mettre en forme cette synthèse de toute une vie musicale, ce projet vieux déjà pour partie de trois décennies que sera la *Neuvième Symphonie*.

Le séjour devrait être divin : il devient vite insupportable. Beethoven a commis l'erreur d'inviter Schindler à le rejoindre quelques jours, et il le supporte de moins en moins, malgré les quelques services qu'il lui rend. Il faut dire que Schindler, du genre dindon, est d'une fatuité insupportable. Au nom de ses compétences de musicien, tantôt il entend traiter Beethoven de pair à compagnon en lui expliquant ce qu'il doit écrire, tantôt il se montre d'une obséquiosité gluante particulièrement désagréable, qui suscite chez Beethoven un sentiment d'exécration et de mépris. Il chicane, pinaille, y va de ses conseils — des passages des *Cahiers de conversation* en témoignent. Beethoven s'impatiente, bout de rage. Il finira par s'en débarrasser — provisoirement — l'année suivante. Quant à son hôte, le baron de Pronay, il l'exaspère rapidement car il prétend, en échange de son hospitalité, se payer en conversations avec le grand homme, tout en lui demandant de ne pas faire de bruit dans sa chambre. Beethoven prend vite un malin plaisir à le contrarier, et déguerpit de cette cage dorée pour se réfugier à Baden.

À ce moment, il est en train de composer les trois premiers mouvements de sa symphonie, et il se montre particulièrement irascible. Si ses relations avec Karl sont relativement apaisées, et même affectueuses, cela ne dure pas : à l'automne, Karl, dix-sept ans, a la mauvaise idée de prendre sa première cuite, ce qui est assez dans l'ordre des choses. Mais la réaction de l'oncle, irrationnelle comme toujours, contraint Karl à se confondre en excuses.

Les rapports ne vont pas mieux avec son frère Johann, et surtout avec sa femme. Il tolère mal l'infatuation bourgeoise de son frère qui, dans ses lettres, se parfume du titre imbécile de « propriétaire foncier[22] » — à quoi Ludwig, dans une carte de nouvel an, a répondu : « Propriétaire d'un cerveau[23] ». Mais voilà que Johann est tombé malade, et que sa femme en a profité pour le tromper. La vertu ombrageuse de Ludwig, prompt à s'enflammer quand il s'agit des écarts d'autrui, vaut à Johann une lettre furibonde où il traite sa belle-sœur de « pouffiasse » et de « salope[24] ». « Oh, honte et malédiction ! écrit-il, est-ce qu'il n'y a plus en toi aucun reste d'un homme[25] ? »

Enfin, au milieu de tous ces soucis, il achève la *Neuvième Symphonie*. Son monument. Si la *Missa solemnis* se voulait la synthèse de toutes les musiques sacrées, la *Neuvième* est l'apothéose et la synthèse de son propre univers musical, de sa science de l'orchestre, comme une œuvre qu'il s'offrirait à lui-même autant qu'à l'humanité entière. Il est nécessaire d'en retracer la genèse.

Cela fait trente ans que Beethoven songe à mettre en musique l'*Ode à la joie* de Schiller, qu'il place si haut dans son panthéon littéraire. D'autre part, il est toujours profondément attaché au thème musical qu'il a déjà utilisé en particulier dans la *Fantaisie pour piano, chœur et orchestre* op. 80. À quel moment ces deux éléments se rejoignent-ils ? Tardivement. Il a d'abord envisagé une symphonie avec chœurs, toute différente de la *Neuvième*. La *Neuvième Symphonie*, conçue dès 1812, esquissée en 1817, ne comprenait pas à l'origine un finale avec chœurs. En 1822 et 1823, il compose les trois premiers mouvements, mais envisage de lui donner un finale instrumental. Ce n'est qu'à l'automne 1923 que la « jonction » se fait entre les trois premiers mouvements et l'*Hymne à la joie* : il peut alors, en février 1824, achever cette symphonie en ré mineur en la couronnant de ce mouvement grandiose.

Par son ampleur, sa complexité, sa difficulté d'exécution, mais aussi grâce à l'accessibilité immédiate de son hymne final à un public universel (à tel point qu'on en fera l'hymne européen, dans une réorchestration assez plate de Herbert von Karajan), la *Neuvième Symphonie* est plus qu'une œuvre musicale : un symbole, un emblème, et même une arme politique, comme l'a bien montré Esteban Buch dans un lumineux essai[26]. On n'entend pas tout à fait la même œuvre selon les conditions de son exécution et de sa réception. L'enregistrement d'un concert à Berlin, en 1943, dirigé par Wilhelm Furtwängler devant un aréopage de dignitaires nazis, la lenteur terrifiante et somptueuse des tempi, la puissance du finale... Une œuvre écrite par anticipation pour la gloire du IIIᵉ Reich ? L'interprétation donnée par un Léonard Bernstein mourant, en 1989, au moment de la chute du mur de Berlin, habille l'œuvre, symboliquement, d'un tout autre sens...

Ce que contient cette symphonie, c'est bel et bien la totalité du génie orchestral de Beethoven, son sens prodigieux de la dramaturgie musicale : un premier mouvement sombre, inquiétant, qui semble sourdre des profondeurs de la terre, comme un rappel des accents tragiques de la *Cinquième Symphonie* ; un deuxième mouvement en forme de scherzo fugué, rythmé par les timbales au commencement, puis relayé par un motif dansant où les hautbois et les cors tiennent une place essentielle ; un adagio cantabile, méditatif, lyrique, qui rappelle la *Scène au bord du ruisseau* de la *Symphonie pastorale* ; puis l'explosion finale du quatrième mouvement, lui-même composé de deux parties : une ouverture instrumentale en si bémol mineur, avant l'introduction de l'*Hymne à la joie* proprement dit, dans la tonalité triomphale de ré majeur.

Pour le coup, on a envie de se réconcilier avec Claude Debussy qui, dans *Monsieur Croche*, porte sur la *Neuvième Symphonie* ce jugement limpide :

Rien dans cette œuvre aux proportions énormes n'est inutile ; pas même l'andante que de récentes esthétiques accusèrent de longueur ; n'est-il pas un repos délicatement prévu entre la persistance rythmique du *Scherzo* et le torrent instrumental roulant invinciblement les voix vers la gloire du *Finale* ? Quant à l'humanité débordante qui fait éclater les limites habituelles de la symphonie, elle jaillit de son âme, laquelle, ivre de liberté, se meurtrissait, par une ironique combinaison de la destinée, aux barreaux dorés que lui faisait l'amitié mal charitable des grands. Beethoven dut en souffrir en plein cœur et désirer ardemment que l'humanité communiât en lui : de là, ce cri poussé par les mille voix de son génie vers ses « frères » les plus humbles comme les plus pauvres. A-t-il été entendu de ceux-là ? Question troublante[27] !

À Vienne, il se murmure que Beethoven vient d'achever une œuvre immense, grandiose. Mais la Société philharmonique de Londres lui avait commandé une symphonie en 1817, celle-là même, de fait, qu'il vient d'écrire, et il est fortement tenté, une fois de plus, de partir pour Londres avec sa symphonie. C'est alors que des membres de la bonne société viennoise, apprenant ses projets de départ, se souviennent de son existence. On adresse au maître une requête, on le supplie, on l'attend. La lettre, signée d'une trentaine de noms, est dans ses termes hallucinante de flatterie grandiloquente : « Vous seul pouvez assurer la victoire décisive à nos efforts vers le bien. De vous la nation attend une vie nouvelle, de nouveaux lauriers et un nouveau règne du bien et du beau, malgré la mode du jour qui veut faire violence aux lois éternelles de l'art[28]… »

Étrangement, pathétiquement, Beethoven se laisse prendre à ce miel doucereux. De bonnes paroles, mais aucune promesse. Rien de ce qui ressemble à un contrat, avec monnaie sonnante et trébuchante à la clé. Une manœuvre dilatoire, sans garanties pour l'intéressé. Mais en faisant appel à de si nobles sentiments, on sait quelle fibre on touche chez le destinataire.

Enfin le concert se prépare. Non sans difficultés. La dimension monumentale de l'œuvre effraie les exécutants. Et se pose la question du lieu. Où faire jouer une telle composition ? Le directeur du théâtre An der Wien, le comte Palfy, donne son accord, à condition que ses propres chefs se chargent de diriger l'œuvre. Beethoven ne veut pas en entendre parler : il exige que sa symphonie soit dirigée par Umlauf et Schuppanzigh, en qui seuls il a confiance. Il choisit un autre théâtre, beaucoup plus petit, le Karntnerthortheater. Il devient soupçonneux, accuse ses collaborateurs de le gruger, annonce qu'il laisse tomber le concert. Il faut tout le doigté bonhomme de l'énorme Schuppanzigh pour le faire changer d'avis.

Quant aux chanteuses, Karoline Unger et Henriette Sontag, elles renâclent devant les difficultés de leur partie, et les écueils du texte. Il les bichonne, les chouchoute, les invite même à dîner chez lui : elles en ressortent plus mortes que vives, en proie à de terribles vomissements, la nourriture et le vin qu'il leur a servis étant sans doute avariés.

Tout le monde entend mettre son grain de sel dans l'entreprise, Schindler bien sûr, le neveu Karl, et même le frère, Johann, peu compétent en matière de musique.

Le concert a finalement lieu le 7 mai 1824. Outre la grande symphonie avec solos et chœurs, on doit donner, pour la première fois, la *Missa solemnis*. La police intervient, puisqu'il est interdit de jouer de la musique religieuse dans un théâtre. Les extraits choisis, on l'a dit, seront donc des « hymnes »…

Le jour du concert, c'est la foule des grands événements, que peut à peine contenir l'étroite enceinte du théâtre, cette « coquille de noix ». Seule la loge de la famille impériale reste vide. Les aristocrates, déjà dans leurs villégiatures estivales, ne se sont pas déplacés. L'archiduc Rodolphe lui-même brille par son absence.

Dans la salle, la tension est extraordinaire. Le public écoute d'abord religieusement le sombre premier mouvement. Mais, dès le scherzo, des cris d'enthousiasme interrompent l'orchestre. Après l'explosion des dernières notes, c'est un charivari indescriptible. Cinq salves d'applaudissements retentissent. Cette inconvenance rend nerveux les policiers présents : la famille impériale elle-même n'en reçoit ordinairement que trois.

Beethoven n'entend rien. Il tourne le dos au public, à côté du chef d'orchestre Umlauf, les yeux perdus dans sa partition. L'une des deux cantatrices, Karoline Unger, s'avance vers lui. Elle le prend par les épaules et le force à se tourner vers la foule. Il voit les visages bouleversés, les mains qui s'agitent. Il s'incline.

Son bonheur est de courte durée. La part de la recette du concert qui lui revient est dérisoire :

120 florins. Une misère pour tant de mois de travail. Malgré le succès, il est effondré. Il vient de donner un chef-d'œuvre à l'humanité : il est bien placé pour le savoir. Cette gloire ne suffit pas ? Non. Croire qu'un artiste vit sans argent, en dehors des réalités du monde, c'est le mépriser. Beethoven refuse d'aller dîner. Il reste des heures effondré sur un divan, rageur et désespéré.

L'œuvre est redonnée le 25 mai, avec un air de Rossini en prime pour attirer le chaland. Ce qu'il ne faut pas faire... Mais cette fois la salle est loin d'être pleine. Cela ressemble même à un four, sinon à une cabale. Ses ennemis ont-ils réussi à calomnier l'œuvre auprès du public ? Le dîner qui suit se passe mal. Une joyeuse assemblée, pourtant. Les amis sont là, le neveu Karl, les deux charmantes cantatrices, Karoline Unger et Henriette Sontag. Par plaisanterie, on a demandé à Schuppanzigh de manger avant le dîner, son appétit d'ogre étant légendaire. Mais Beethoven est sombre. Une remarque met le feu aux poudres. On lui suggère d'écourter sa symphonie. Il explose de fureur. Et c'est Schindler, cette fois, qui fait les frais de sa colère. Il ne le supporte décidément plus, l'occasion est trop belle de s'en débarrasser. Il le rend responsable de son échec, l'accuse de lui voler de l'argent. Schindler s'en va, puis la table se vide. Beethoven finit le dîner seul, avec Karl. Ainsi naquit douloureusement, dans l'amertume et la discorde, l'œuvre musicale la plus célèbre du monde, qui chante la fraternité de tous les hommes.

Chants du cygne

Schindler, congédié, remâche son dépit. Il réapparaîtra dans la vie de Beethoven pendant les tout derniers mois, parasite abusif qui a fait graver sur sa carte de visite : « Ami de Beethoven. »

L'été 1824 se passe à l'écriture du *Douzième Quatuor* op. 127, à Penzig d'abord, puis à Baden, car à Penzig il se sent espionné par les passants qui peuvent le voir dans sa chambre.

Par l'écriture du *Douzième Quatuor*, il répond à la commande du prince Galitzine. L'œuvre est le fruit de longues recherches, d'esquisses innombrables : plus de quarante pages ! Lente rumination qui s'explique par de réels problèmes de composition : il cherche une forme neuve, envisage même une composition en six mouvements. Au total, l'œuvre se révèle d'une difficulté considérable pour les interprètes, et il semble que ce quatuor, à sa création, ait été mal compris par un auditoire dérouté par sa nouveauté. Il faut dire aussi que l'exécution donnée par Schuppanzigh en mars 1825 est catastrophique : les musiciens n'ont pas eu le temps de répéter ni d'assimiler une œuvre insaisissable, d'une variété d'effets, d'inventions mélodiques difficilement mémorisables, qu'une première écoute ou une lecture superficielle sont loin de pouvoir épuiser. Beethoven est furieux. Il reprend son œuvre à Schuppanzigh, mortifié, malgré ses protestations véhémentes, et la confie au quatuor Böhm qui la donne quinze jours plus tard avec succès. Mais Schuppanzigh digère mal l'affront, d'autant que le frère Johann semble avoir joué dans l'affaire un rôle peu reluisant, montant Ludwig contre le violoniste à coups de calomnies, se répandant en « cancans imbéciles ». La brouille ne durera pas longtemps.

Beethoven a achevé ce *Douzième Quatuor* en septembre 1824, « dans le délire de sa joie et dans la joie de son délire[1] », dit un ami. Après l'éviction de Schindler, un nouveau factotum s'impose peu à peu auprès de lui. Il s'agit de Karl Holz, un violoniste du quatuor Schuppanzigh que Beethoven a pris en amitié, probablement parce qu'il le fait rire. Celui-là le change de la figure de carême et des airs pontifiants de Schindler : c'est un garçon de vingt-six ans, d'un naturel joyeux et rigolard, qui se dévouera pour Beethoven jusqu'à la fin de 1826, époque de son mariage. Bien entendu, Schindler en trace le portrait détestable d'un ivrogne et d'un hurluberlu politique, qui aurait eu sur Beethoven une mauvaise influence. En réalité, Holz est plutôt un conseiller avisé et dévoué, comme en témoigne ce qui reste des *Cahiers*, montrant à son mentor une admiration amicale, sans flagornerie.

Beethoven, de son côté, surveille les amitiés de

son neveu. Et justement, l'ami que le jeune homme fréquente en ce moment, un nommé Niemetz, ne lui revient pas. C'est « un hôte ennuyeux, et qui manque absolument de bienséance et de convenance[2] ». De plus, il est pauvre. Certes, pauvreté n'est pas vice, mais c'est tout juste. Bref, Beethoven voudrait que Karl cesse de le voir. Ce dernier se rebiffe et envoie son oncle au diable. On pourrait croire qu'il va vers son émancipation. Hélas...

Dans les mois suivants, et jusqu'au drame qui se noue, les disputes entre l'oncle et le neveu deviennent de plus en plus fréquentes — et violentes. Toute l'année 1825 en porte la trace — ou les éclaboussures —, notamment par les lettres furibondes de l'oncle qui soupçonne Karl de revoir sa mère, qui le sermonne, le culpabilise, menace de l'abandonner à son sort : « Je ne voudrais pas avoir tant dépensé pour donner au monde un *homme ordinaire*[3]. » Il déménage même, pour se rapprocher de l'école où Karl suit des études de commerce, autre déception. Cet été-là, il interrompt quelques jours sa villégiature estivale pour rentrer à Vienne se trouver un nouveau logis. C'est à ce moment qu'il rencontre, presque par hasard, son ami d'enfance Stephan von Breuning, perdu de vue depuis des années, accompagné de son fils Gherard. Comme si un cercle se refermait. Les Breuning vont s'installer à Vienne. Les deux amis tombent dans les bras l'un de l'autre. On se promet de se revoir souvent. Beethoven est heureux.

Il a passé un hiver épouvantable, malade des poumons et du ventre. Mais cet été-là, il semble particulièrement en forme. Qui pourrait penser qu'il n'a plus qu'un an et demi à vivre ? En septembre, une bande d'amis, dont Holz, Seyfried et le compositeur danois Kuhlau, lui rendent visite à Baden. Beethoven les épuise par une marche harassante sur les chemins de montagne les plus escarpés, galopant en tête, comme si le contact avec la nature décuplait ses forces. Puis il les emmène déjeuner dans une auberge où il s'emploie à les enivrer copieusement avec les meilleurs vins. Il compose un canon d'un goût douteux sur le nom de Kuhlau. Tous se lèvent de table en titubant. Le lendemain, il s'excuse pour ces débordements.

Cette liesse, ce désir de festoyer s'expliquent : il vient de terminer le *Quinzième Quatuor* op. 132, le deuxième en date des *Quatuors Galitzine*.

Il est joué le 9 septembre, à Vienne, par Schuppanzigh et son ensemble, dont Holz. Beethoven s'est déplacé de Baden pour l'occasion. L'exécution du quatuor se fait en petit comité, dans une chambre de « L'Homme sauvage », un hôtel situé sur le Prater. Il fait une chaleur étouffante, Beethoven dirige l'œuvre en bras de chemise, quoi que ce ne soit guère utile pour un morceau de musique de chambre. Est-il à ce point totalement sourd ? Son mal connaît-il des rémissions ? Il arrache le violon des mains de Holz, dont le jeu ne lui convient pas, pour jouer quelques mesures à sa place. Mais il est un quart de ton trop bas... Il accepte même d'improviser au piano. Ce sera la dernière fois en public. S'entend-il jouer, ou ses doigts gardent-ils seulement le souvenir de ses années de virtuosité ?

Ce *Quinzième Quatuor*, qui reste aujourd'hui l'une de ses œuvres les plus mythiques, à défaut d'être la plus célèbre, est d'emblée très apprécié. Sans doute n'est-elle pas « facile », mais l'adagio est d'une telle beauté, d'une telle charge émotionnelle et spirituelle que, raconte Holz, il arrache des larmes à un vieil ami de Beethoven, le drapier Johann Wolfmayer...

De retour à Baden, il se remet aussitôt au travail sur le *Treizième Quatuor* et la *Grande Fugue pour quatuor à cordes*, tout en assaillant Karl de lettres extravagantes. Il se répand en reproches, en protestations d'amour passionné. Karl est sa honte, son souci constant. Il emprunte de l'argent à des servantes, a de mauvaises fréquentations. Le jeune homme a fugué, c'est-à-dire qu'une nuit, il n'est pas rentré chez son logeur. Beethoven est comme fou. Dans quels bras douteux Karl a-t-il passé cette nuit ? Il est vrai que Karl aime le jeu et les filles. Aussitôt le « père » se repent de ses excès de langage, l'appelle vers lui :

Cher et précieux fils ! Je viens de recevoir ta lettre alors que déjà l'anxiété me rongeait et j'avais même résolu de rentrer aujourd'hui à Vienne. Dieu merci, ce n'est pas nécessaire ; suis-moi seulement et l'amour et la béatitude ainsi que la félicité seront notre lot.

Pas moins. Il se plaint aussi de sa servante, et dans des termes qu'on n'attendrait guère de l'auteur de la *Neuvième Symphonie* :

Toute la semaine il m'a fallu souffrir et patienter comme un saint. Assez de cette racaille ! Quel reproche pour notre civilisation que nous en ayons absolument besoin, et qu'il nous faille avoir si près de nous ce que nous méprisons[4].

En octobre 1825, il achève le *Treizième Quatuor*, d'une richesse mélodique, d'une liberté de conception qui traduisent une grande plénitude. Et puis, dans le cinquième mouvement, ce passage bouleversant d'intensité, que Beethoven avoua à Holz avoir composé « dans les larmes de la douleur[5] » ; jamais encore, ajoutait-il, sa musique n'avait atteint une telle expression, et le souvenir de ce morceau lui faisait venir les larmes aux yeux.

Mais la création la plus radicale de cet automne 1825, c'est la fameuse *Grande Fugue pour quatuor à cordes*, qui est à l'origine le finale du *Treizième Quatuor*. Beethoven, au moment de publier l'œuvre, a remplacé le morceau par un autre mouvement, à la demande pressante de son éditeur Artaria, effrayé par la complexité si peu « commerciale » de cette fugue, par sa difficulté, tant à l'écoute qu'à l'exécution : cette pièce extraordinaire fut donc publiée séparément, en 1827. Il faut dire que Beethoven n'y ménage guère la capacité d'écoute — et de compréhension — de son auditoire. Comment s'étonner que la *Grande Fugue*, qui sonne de façon si « contemporaine » à nos oreilles, ait d'emblée stupéfié et inquiété les interprètes ? C'est réellement, sur le principe classique, et même canonique, de la fugue, une musique de l'avenir. À son sujet, le chef d'orchestre Ernest Ansermet, qui en composa une adaptation pour orchestre, écrivait : « C'est sans doute l'œuvre d'un seul tenant la plus puissante par l'amplitude de sa forme, la plus dense et la plus riche de signification de toute la musique. Elle est un monde en soi ; elle est unique[6]. »

Karl le fuit, il a même honte de marcher avec lui dans la rue, « à cause de son air de fou[7] ». Beethoven en est malheureux. Quelle ingratitude... Mais il se prend d'affection pour Gerhard von Breuning, le fils de son ami, qui pour sa part est fier de se montrer avec cet « homme illustre ».

Le cercle se referme un peu plus. Après bien des années, il reçoit enfin des nouvelles de ses amis Wegeler. Pourquoi un si long silence ? La faute lui en revient en partie : depuis qu'il vit à Vienne, plus de trente ans, il a négligé de leur écrire. De loin, ils ont suivi son magnifique parcours, et Wegeler en est heureux et fier. N'y a-t-il pas modestement contribué, à sa façon, au temps lointain de leur jeunesse ? Lorchen, mariée à Wegeler depuis 1802, ajoute un mot tendre à la lettre de son mari. Elle n'a rien oublié, ni leurs liens anciens, ni leur brouille, ni le raccommodement... Ils ont une fille, qui vénère sa musique, et la joue « à ravir ». « J'ai encore la silhouette de ta Lorchen[8] », répondra Ludwig à Wegeler, dix mois plus tard...

Beaucoup de bonnes âmes se sont désolées que Beethoven ait consacré les derniers mois de sa vie à composer des quatuors à cordes au lieu de jeter toutes ses forces dans sa *Dixième Symphonie*, restée à l'état d'ébauche, dans le requiem auquel il pense, ou dans le projet magnifique de *Faust*. Les raisons de ce choix ne manquent pas, pourtant, en dehors de toute considération esthétique et de la passion marquée de Beethoven pour le genre du quatuor. Même si la *Neuvième Symphonie* connaît un grand succès dans les villes allemandes où elle est donnée, à Leipzig en particulier, même si elle va vite se répandre dans toute l'Europe et connaître un destin météorique, Beethoven reste déçu de l'échec financier essuyé à Vienne. La musique est son métier, il doit en vivre. Du point de vue des éditeurs, un quatuor pouvant être joué par de bons amateurs, ou dans des concerts publics ou privés, surtout un quatuor du maître Beethoven, c'est une bonne affaire car cela se vend. Lui-même n'est pas insensible à cet argument. On lui paye maintenant ce type de composition jusqu'à 80 ducats. C'est pourquoi, dès l'automne 1825, tout en prenant des notes pour la *Dixième Symphonie*, dont le projet se précise, il travaille ardemment à son *Quatorzième Quatuor*.

Mais en janvier, sa santé le trahit à nouveau. Il souffre des yeux et il a la goutte. Le Dr Braunhofer, son nouveau médecin (il en a épuisé un certain nombre au cours des années), lui prescrit une diète sévère, sans vin ni « kaffeh », et un traitement à base de lavements au lait tiède, de crème de riz et de chocolat. Quant aux médicaments, il s'agit surtout de combattre leur effet nocif. La médecine, au début du XIXᵉ siècle, est encore un art primitif.

Le *Treizième Quatuor* est donné au mois de mars 1826. La *Grande Fugue* en constitue encore le mouvement final. C'est Schuppanzigh, réconcilié pour de bon avec Beethoven, qui officie. Mais malgré tout son métier, la partition ne se laisse pas apprivoiser facilement. Holz, qui est de la fête et qui a eu l'occasion de lire l'œuvre chez Beethoven, témoigne du calvaire de son patron : « Schuppanzigh devait parfois batailler dur pour vaincre les difficultés de sa partie de premier violon, ce qui avait le don de provoquer chez Beethoven un éclat de rire homérique[9]. »

Le jour du concert, comme on pouvait s'y attendre, les réactions sont perplexes. Les troisième et quatrième mouvements sont grandement appréciés et bissés. Mais la fugue... Le critique de la *Gazette musicale de Leipzig* montre son embarras :

Le sens du *finale* fugué, en revanche, a complètement échappé au chroniqueur : c'était du chinois, incompréhensible. Lorsque les instrumentistes doivent s'agiter d'un extrême à l'autre (comme pour passer du pôle Sud au pôle Nord) au milieu d'incroyables difficultés, lorsque chacun fait entendre une partie différente de celle de ses partenaires, et que les voix se croisent de ce fait *per transitum irregularem*, dans une série de dissonances, lorsque enfin le musicien perd toute confiance en lui, n'étant plus même assuré de jouer juste, cela devient un désordre babylonien. [...] Tout cela ne serait peut-être pas énoncé, si le maître pouvait entendre ce qu'il compose. Mais nous ne voulons pas conclure prématurément : le temps viendra peut-être, qui sait, où tout ce qui nous semble, à première vue, confus et très embrouillé, paraîtra clair et plaisamment construit[10].

En somme, encore une musique de sourd. On notera quand même, par charité, la précaution honnête de prendre date pour l'avenir...

Malgré sa santé de plus en plus délabrée, Beethoven écrit le *Quatorzième Quatuor en ut dièse mineur* qu'il achève au mois de juillet 1826. Les idées crépitent. Ce quatuor quasiment programmatique (Richard Wagner en décrit même le scénario qu'il imagine, à sa façon encline à l'hyperbole lyrique), Beethoven le dit « fait de pièces et de morceaux volés çà et là[11] ». C'est la dernière musique qu'entendra Franz Schubert, dans sa chambre, jouée par ses amis, cinq jours avant de mourir du typhus, le 14 novembre 1828, à trente et un ans. On dit qu'il en éprouva une telle émotion que l'on craignit qu'il passât avant l'heure.

Au cimetière central de Vienne, qui n'a de central que le nom, les tombes de Beethoven et de Schubert se trouvent côte à côte, dans le carré des musiciens. L'émotion qui se dégage de ce lieu est indicible, quand on sait que ces deux géants, s'ils se sont croisés, aperçus, si Schubert qui vénérait Beethoven s'arrangeait souvent pour se rendre dans les mêmes tavernes que lui, aux mêmes heures, ne se sont jamais parlé. Schubert n'osait s'approcher, pétrifié de timidité devant celui qu'il considérait comme son dieu. Un jour, il s'enhardit à lui apporter des variations pour piano, mais le maître n'était pas chez lui. Et Beethoven ? On dit qu'il eut connaissance de certaines œuvres de Schubert, notamment des lieder, et qu'il en fit un commentaire flatteur. Et puis rien. L'histoire est faite aussi de ces rendez-vous manqués.

Tuer le père

Depuis le mois d'octobre 1825, Beethoven a emménagé dans ce qui sera son dernier logement, la Schwarzspanierhaus. Pour la première fois depuis bien des années, il ne part pas pour la campagne quand vient l'été — son dernier été. Il tient à rester auprès de Karl, qui doit passer ses examens à la fin de l'année. En réalité, il le surveille. C'est une très mauvaise idée. Habituellement, le départ de son oncle pour sa villégiature estivale donnait à Karl un peu de répit et d'oxygène. Cette année, il lui faudra supporter ses humeurs et ses extravagances, dans la touffeur de l'été viennois. Il essaie de fuir son harcèlement incessant, de ruser, l'assure qu'il n'a pas besoin de sa présence pour se mettre au travail. En vain.

Beethoven déborde de projets. Il commence un nouveau quatuor, le seizième, celui dont le finale est construit sur la fameuse question-réponse : « *Muss es sein ? Es muss sein !* » (Le faut-il ? Il le faut !)

Ce mouvement a une histoire. En juillet, il écrit un canon humoristique, inspiré par un échange avec un de ses mécènes, Ignaz Dembscher. Ce dernier souhaite emprunter le manuscrit de la partition du quatuor opus 130, que Beethoven a cédé à Schuppanzigh. Il exige donc de Dembscher qu'il dédommage Schuppanzigh en lui versant une somme de 50 guldens. « Le faut-il ? » demande Dembscher. « Il le faut ! » fait répondre Beethoven. Dans le *Seizième Quatuor,* ce motif est repris, mais le « *Muss es sein ?/ Es muss sein !* », d'abord anecdotique et objet de l'un de ces canons que Beethoven avait l'habitude de composer en manière de plaisanterie, prend le poids d'une véritable méditation métaphysique, « une force de réponse aux interrogations touchant à la condition humaine aussi bien qu'à l'inspiration de l'artiste[1] ». Le canon humoristique est donc devenu, quelque temps après, une sorte de débat musical entre les forces de la résignation et les forces de la volonté. C'est-à-dire, comme l'analyse Milan Kundera dans *L'Insoutenable Légèreté de l'être*[2], que la démarche de Beethoven, ici, a consisté à glisser du léger vers le lourd, un simple bonjour dans la langue de Goethe, ajoute-t-il plaisamment, pouvant prendre le poids d'une thèse métaphysique. De nombreuses autres hypothèses ont été avancées pour commenter cette évolution. Sauf une, qu'on osera suggérer : dans l'intervalle, Karl a tenté de se suicider.

Il s'est tiré deux balles dans la tête. L'une s'est perdue, l'autre a atteint la partie gauche de son crâne. La date de cet acte désespéré est incertaine : fin juillet, ou au tout début du mois d'août.

Le geste était prémédité depuis un certain temps. Karl avait annoncé son intention de se tuer. Déséquilibré, harcelé, acculé. Il détenait un pistolet que Schlemmer, son logeur, avait trouvé dans une malle, avec des munitions. Schlemmer avait confisqué l'arme et en avait averti Beethoven. Mais Karl a vendu sa montre pour s'acheter une nouvelle arme. Puis il s'est éloigné de Vienne, jusqu'aux ruines de Rauhenstein, dans les environs de Baden, pour se brûler la cervelle.

Il n'en pouvait plus. Les harcèlements de son oncle, l'espionnage permanent dont il était l'objet, cette traque insensée... Tout l'entourage de Beethoven était de la partie, même Schindler, toujours à l'affût, l'espionnant, le persécutant avec des questions sur ses faits et gestes. Il est même arrivé, dit-on, que Holz le fît boire pour lui arracher des confidences. Karl, désespéré, exaspéré, suffoquant dans cette permanente atmosphère de suspicion, a cherché à se tourner vers sa mère. Il faisait tout en cachette, « de crainte d'être découvert par le vieil abruti[3] ». Pour cet oncle tyrannique, et disons-le, franchement odieux dans les tourments de sa névrose paternelle, il n'éprouvait plus qu'une immense exécration. Une autre raison peut expliquer ce geste : les dettes. Il a joué, il doit de l'argent. Il lui est même arrivé de détourner la somme due à son logeur, et Beethoven ne délie pas facilement les cordons de sa bourse.

Karl gît dans son sang. Il n'est pas mort. Acte manqué ? Le suicide est souvent, surtout quand il échoue, une manière de punir son entourage. En l'occurrence, de tuer le père, ce qui ne manquera pas d'arriver. Au petit matin, un charretier le trouve évanoui. Karl trouve la force de lui murmurer qu'il veut aller chez sa mère.

C'est là que Beethoven, flanqué de Holz, se précipite. Karl est conscient mais, à la vue de son oncle, il se met en colère. Il ne veut plus entendre parler de lui : « Maintenant, c'est fait. Ne m'embête pas avec tes reproches et tes plaintes ; c'est fini[4]. »

Dix années de lutte, d'amour maladroit et sauvage, de déceptions et d'angoisses, de folie, d'incohérences, d'éducation férocement jalouse d'un Prométhée rêvant de façonner sa créature : cela s'achève là, devant cet adolescent hostile et fermé, la tête sanglante enserrée dans un pansement.

Mais l'affaire n'est pas terminée. En Autriche, le suicide est considéré comme un crime, selon les règles du catholicisme en vigueur : un absolu de la bêtise. Faut-il réveiller les morts pour les juger, les tuer une seconde fois ? Et quand on s'est manqué... Devant les policiers, Karl accuse son oncle : c'est à cause de lui qu'il a voulu se tuer, il l'a trop maltraité. La seule solution, pour échapper à la justice, serait qu'il s'engage dans l'armée et, bien sûr, que Beethoven renonce à sa tutelle. Car on a trouvé les raisons du désespoir de Karl et de son geste : l'absence d'instruction religieuse. D'ailleurs, sur son lit d'hôpital, où il a été transféré, Karl reçoit chaque jour la visite d'un prêtre.

Beethoven est bourrelé de honte, de remords, de rancune à l'égard de son neveu. D'amour aussi, indéfectible. Il lui écrit, cherche à regagner sa confiance, à supposer qu'elle lui ait jamais été acquise. Mais tout se passe désormais comme si Karl, revenu d'entre les morts, n'offrait plus aucune prise à ses tentatives, comme si rien de son oncle ne pouvait plus l'atteindre : il est calme, résolu, distant. Il accepte, et même choisit, de partir pour l'armée dès que cela sera possible.

Dans ces moments de profond désarroi, Beethoven n'est pas tout à fait seul. Stephan von Breuning s'occupe des démarches judiciaires et il prend en charge la tutelle de Karl. Beethoven, cependant, continue de poursuivre la mère de sa vindicte par ce genre de giclée de venin.

On ne saurait l'autoriser à être en contact avec sa mère qui est une personne extrêmement corrompue. Sa nature foncièrement pervertie et mauvaise, sa façon d'inciter sans cesse Karl à me soutirer de l'argent, pour partager ensuite avec lui ces rapines, le scandale qu'a provoqué la naissance de sa fille dont on est encore à chercher le père, la certitude aussi que la fréquentation de sa mère l'amènerait à rencontrer des femmes rien moins que vertueuses, tout cela justifie mon appréhension et ma requête. Même la cohabitation avec une personne comme elle ne saurait conduire un jeune homme à la vertu[5].

Pathétique obstination dans la haine. Comme s'il en avait besoin pour se justifier, alléger le poids trop lourd de sa propre culpabilité — processus très banal chez les émotifs primaires.

Ceux qui le côtoient, s'ils ne le connaissaient, ne devineraient pas qu'il vient de vivre un tel drame.

Il plaisante, évoque des projets, et travaille assidûment sur son *Seizième Quatuor*. L'effet des grands chocs est souvent différé : le retour n'en est que plus violent.

Est-ce pour resserrer les liens familiaux ? Pour faire plaisir à Karl, sorti de l'hôpital, qui insiste ? Il accepte, sans beaucoup d'enthousiasme, l'invitation de son frère Johann à séjourner chez lui, à Gneixendorf, durant l'automne. Étrange acquiescement. À Johann qui l'en priait, il avait d'abord répondu : « Je n'irai pas. Ton frère[6] ???!!! » Ce qui peut jeter un froid. Mais Johann revient à la charge, avec Karl. Ludwig finit par céder.

Le séjour est pénible. Il est renfrogné, irascible, se plaint de tout. Sa belle-sœur a beau se mettre en quatre pour lui, orner sa fenêtre de fleurs, il ne la supporte décidément pas. Il essaie même de convaincre son frère de déshériter sa femme au profit de Karl. Inutile de dire que la démarche n'aboutit pas. Il trouve aussi la nourriture exécrable, non sans mauvaise foi et un peu de mesquinerie. Est-ce le travail de la mort ? Il est persuadé qu'on le persécute, qu'on parle dans son dos, que Karl et sa tante jouent tout exprès des musiques ineptes pour le mettre en rage. Et puis, il ne supporte plus la vulgarité de parvenus de son frère et de sa belle-sœur.

Le 1er décembre, il quitte précipitamment Gneixendorf avec Karl, dans une carriole de laitier qui brinquebale sous une pluie glaciale. Vienne étant éloignée de quatre-vingts kilomètres, on est obligé de faire halte dans une mauvaise auberge sans feu.

Beethoven grelotte toute la nuit, se sent mal. Le lendemain soir, à Vienne, il se couche, atteint d'une double pneumonie. Jusqu'à sa mort, il va garder la chambre.

Dernier combat

Peu d'agonies ont été aussi décrites et commentées que celle de Beethoven. Le feuilleton de son délabrement physique, de ses souffrances, de la mort qui tarde à prendre ce corps si vigoureux est pénible à suivre : pneumonie, hydropisie, avant que la cirrhose, depuis longtemps menaçante, ne l'emporte le 26 mars 1827.

La légende, largement calomnieuse, voudrait que Karl ait abandonné son oncle à son sort, négligeant d'appeler un médecin dès le retour à Vienne pour aller se goberger. En réalité, il s'occupe de lui, non sans dévouement. Il demande le secours du Dr Braunhofer, lequel refuse de se déplacer. Un deuxième médecin, contacté, ne vient pas. Holz, enfin prévenu le 5 décembre, fait venir le Dr Wawruch, considéré comme l'un des pontes de la médecine viennoise. Sans doute cet estimable professeur est-il compétent, mais il s'inquiète d'abord de ses honoraires, puis, comme Diafoirus, se met à parler latin, langue curative comme chacun sait : Beethoven ne tardera pas à le qualifier d'idiot.

Pour l'heure, son état s'améliore. La pneumonie

régresse. Il se sent mieux et espère même guérir rapidement.

Le 10 décembre, nouvelle rechute. Mais cette fois, c'est la cirrhose qui entame son dernier travail de destruction. Une crise foudroyante. Que s'est-il passé ? La crise serait consécutive à un choc. Le Dr Wawruch a laissé ce témoignage :

Je le trouvai bouleversé, la jaunisse sur tout le corps ; une effroyable cholérine avait failli l'emporter dans la nuit. Une violente colère, une profonde souffrance, causées par un acte d'ingratitude à son égard et par une offense imméritée, avaient provoqué cette puissante explosion. Tremblant et frémissant, il se tordait dans des douleurs qui lui rongeaient le foie et les intestins. Ses pieds, qui, jusqu'alors, étaient un peu tuméfiés seulement, se mirent à enfler énormément. Depuis ce moment, la pleurésie se développa, les urines se raréfièrent, le foie présenta des traces visibles de noyaux durs, la jaunisse suivit son cours. L'intervention affectueuse de ses amis calma bientôt la redoutable révolution qui s'était faite en lui : il s'apaisa, il oublia l'affront qu'il avait subi. Mais la maladie progressa à pas de géant[1].

Nouvelle dispute avec Karl ? Coup de poignard de quelqu'un de son entourage ? Nous n'en savons rien. À ce moment, Beethoven n'est entouré que de son neveu, de Holz, et des Breuning père et fils. La présence de Gerhard lui est une joie constante, comme s'il avait trouvé enfin, dans ses derniers jours, le fils selon ses vœux, tant désiré. « Beethoven était d'une extrême bonté, écrit Gerhard von Breuning, il bavardait des heures avec moi, qui n'étais qu'un gosse, et me passait toutes mes fantaisies d'enfant[2]. »

Dans les jours suivants, comme attiré par l'odeur de la mort, Schindler vient reprendre sa place auprès de Beethoven. Holz s'absentant de plus en plus pour s'occuper de son mariage proche, il retrouve son emprise sur un Beethoven mourant et s'emploie à faire le vide autour de lui, mêlant, comme à son habitude, l'autoritarisme et la flatterie.

Son ventre enfle, gonflé d'eau. On décide une ponction. Beethoven est opéré le 20 décembre par Wawruch, et se sent un peu mieux. « Mieux vaut voir couler de l'eau de son ventre que de sa plume[3] », plaisante-t-il.

Le 2 janvier, Karl vient lui dire adieu. Il part pour l'armée. Ils ne se reverront plus. Le lendemain, Beethoven écrit à Bach, son avocat, pour faire de Karl son légataire universel et lui confier, conjointement avec Breuning, le soin de tenir auprès de son neveu « la place d'un père[4] ». Karl van Beethoven resta dans l'armée jusqu'en 1832, puis se maria à Iglau, où il avait servi comme soldat. Il essaya ensuite de gérer une exploitation agricole, activité dans laquelle il ne connut guère que des déboires. Rentré à Vienne où sa mère, de plus en plus acariâtre, lui rendit la vie difficile, il vécut modestement sur la rente des actions laissées par son oncle. Il mourut en 1858. Sa mère lui survécut dix ans. Beethoven avait-il entièrement tort dans ses jugements extrêmes sur la « reine de la nuit » ?

Le répit est bref. Le 8 janvier, nouvelle ponction. Beethoven ne peut plus supporter le Dr Wawruch et envoie chercher le Dr Malfatti, l'oncle de Thérèse, qui rechigne d'abord à venir, ne voulant pas marcher sur les brisées de son confrère. Il finit par accepter, à condition de n'être qu'un « auxiliaire », et prescrit au malade un remède étrange : de la glace au punch. Beethoven est ravi et ingurgite gaillardement cette médecine, dépassant largement la dose prescrite : il semble renaître, mais sombre bientôt dans un sommeil d'ivrogne. L'effet du « traitement » est de très courte durée. Son état empire. Il doit subir une troisième, puis une quatrième ponction. Le pire pour lui, dit-il, c'est « la suspension complète de [son] activité[5] ». À peine gribouille-t-il, quand la douleur lui laisse un peu de répit, quelques notes d'un quintette pour Diabelli. Le corps refuse de suivre les injonctions de l'esprit. Car il parle encore de ses projets, de sa symphonie, de son *Faust*, de l'oratorio qu'il envisage d'écrire quand il sera guéri, *Saül et David*, sur le modèle de son maître de toujours, Haendel, dont il vient, dernière et profonde joie, de recevoir l'édition des œuvres complètes.

Est-il conscient de son état ? Son corps n'est plus qu'une plaie. Il a des escarres. Un jour même, une de ses blessures s'ouvre, il s'en écoule encore de l'eau. Ses derniers visiteurs, dont Hummel et sa femme, ne peuvent découvrir sans retenir leurs larmes ce corps puissant qui semble maintenant un squelette. Gerhard von Breuning raconte :

Quand on enleva de son lit le corps de Beethoven pour faire l'autopsie, on s'aperçut pour la première fois que le malheureux était couvert de plaies. Pendant le temps de sa maladie, il avait rarement fait entendre une parole de plainte. Dans les *Cahiers*, on ne trouva qu'un passage à ce sujet, auquel mon père répondit par la promesse d'un onguent pour adoucir la peau. Plus d'une fois, il se plaignit pourtant à moi des douleurs que lui occasionnait la plaie enflammée de la ponction[6].

Schindler, quant à lui, ne perd pas de vue ses intérêts. Tout en continuant d'assaillir Beethoven de conseils et de protestations de fidélité, il se fait offrir, le 27 février, la partition de la *Neuvième Symphonie* et celle du *Huitième Quatuor*, en jurant ses grands dieux qu'il ne s'en séparera jamais : il les vendra plus tard au roi de Prusse, avec ce qui reste des *Cahiers de conversation*.

Sa situation financière étant préoccupante, le 22 février, Beethoven dicte une lettre pour Moscheles, rappelant la proposition ancienne de la Société philharmonique de Londres d'organiser un concert à son profit. Schindler y ajoute une lettre de son cru dans laquelle il décrit un Beethoven à la dernière extrémité.

La réponse de la Société Philharmonique de Londres arrive rapidement, sous la forme d'une somme de 100 livres sterling, soit 1 000 florins. Les Viennois, apprenant ce don, s'indigneront de ce que Beethoven ait fait appel aux Anglais pour lui venir en aide. Mais ils ne sont guère empressés à le soutenir pendant son agonie. Pas une fois l'archiduc Rodolphe ne s'inquiétera de lui.

Le 18 mars, Beethoven dicte sa dernière lettre, pour remercier Moscheles et la Société philharmonique de Londres pour leur envoi généreux.

Le 24 mars, il est au plus mal. C'est à ce moment que lui parviennent les bouteilles de « très bon vieux vin du Rhin » qu'il avait commandées à son ami Schott le mois précédent, sur les conseils de son médecin. Beethoven murmure : « Dommage... Dommage... Trop tard ! » Puis il se tait. Peu après, il délire. Le même jour, un prêtre vient lui administrer les derniers sacrements.

Le 25 mars, il sombre dans le coma. « Son râle s'entendait au loin[7] », écrit Gerhard von Breuning. Il était tout à fait inconscient.

Son frère Johann ne tarde pas à se montrer : il veut récupérer ce qui reste des 1 000 florins envoyés par la Société philharmonique de Londres. Breuning et Schindler le jettent dehors sans ménagement.

Au moment de sa mort, ils se sont tous les deux absentés pour s'occuper de l'enterrement futur, désormais inéluctable. Dans la chambre du mourant, il ne reste plus que le jeune Gerhard von Breuning et le compositeur Anselm Hüttenbrenner. Personne d'autre ? Tout le monde n'est pas de cet avis :

Selon le témoignage du compositeur Anselm Hüttenbrenner, de Graz, qui assista à sa mort, Johanna van Beethoven fut la seule autre personne présente dans la chambre lors de ses derniers instants. Cette information ne manqua pas de surprendre lorsque Thayer en eut connaissance en 1860, car Schindler avait passé sous silence l'identité de la femme présente dans la chambre. Thayer ne pouvait pas croire que Johanna et Beethoven se fussent réconciliés, et il incita apparemment Hüttenbrenner à corriger son témoignage, si bien que celui-ci remplaça le nom de Johanna par celui de Thérèse van Beethoven. Bien que cette question ne puisse plus être clairement tranchée, le premier souvenir de Hüttenbrenner demeure le meilleur indice, et c'est la raison pour laquelle Johanna fut probablement cette Mme van Beethoven qui coupa une boucle de cheveux de la tête de Beethoven pour la tendre à Hüttenbrenner : « Comme souvenir sacré de la dernière heure de Beethoven[8]. »

Vers quatre heures, le ciel s'assombrit, et un orage éclate, « un orage formidable, accompagné d'une tourmente de grêle et de neige[9] », écrit Gerhard von Breuning. Beethoven lève la main, serre le poing comme s'il voulait défier le ciel, raconte Hüttenbrenner, forçant peut-être le trait. Et il ajoute : « Quand sa main retomba sur le lit, ses yeux étaient à demi voilés. Ma main droite soulevait sa tête, ma main gauche s'appuyait sur sa poitrine. Aucun souffle ne sortait plus de ses lèvres, le cœur avait cessé de battre. Je fermai les yeux, sur lesquels je déposai un baiser, ainsi que sur le front, la bouche, les mains[10]. »

Le lendemain de sa mort, les proches s'affairent dans sa demeure. On cherche l'argent, on ne le trouve pas. Johann accuse aussitôt Breuning et Schindler de l'avoir volé. C'est Holz qui indique le tiroir secret où Beethoven rangeait ses objets les plus précieux. On trouve les actions, le *Testament de Heiligenstadt*, la *Lettre à l'Immortelle Bien-Aimée*, et deux portraits de femmes : celui de Giulietta Guicciardi et celui de Marie Erdödy.

Dans les jours qui suivent, nombre de ses papiers

disparaissent. Il est plus que probable que le domicile déserté fut visité par la police de l'empereur, à la recherche de documents compromettants : Beethoven passait pour un dangereux contestataire du régime.

De tous ses biens, vendus aux enchères en novembre de la même année, on recueillit la somme de 1 140 florins. Au total, la succession, manuscrits, livres, partitions, rapporta 10 000 florins. Toute la fortune d'une vie de labeur acharné, à composer l'une des plus grandes œuvres jamais conçues par un esprit humain.

À son enterrement, une foule de vingt mille personnes se presse dans les rues de Vienne. Le cercueil est porté jusqu'à l'église de la Trinité des Frères mineurs, puis au cimetière de Währing, dans la banlieue de Vienne. La belle oraison funèbre de Franz Grillparzer est lue par l'acteur Heinrich Anschütz. Un chœur, accompagné de trombones, chante le *Miserere* (WoO 130).

On dit qu'après le départ du prêtre, l'avant-veille de sa mort, Beethoven avait murmuré : « *Finita est comœdia.* »

ANNEXES

REPÈRES CHRONOLOGIQUES

1770. Naissance à Bonn, le 17 décembre, de Ludwig van Beethoven.

1778. Premier concert à Cologne : Beethoven, présenté comme un enfant prodige, travaille avec son père.

1779. Études musicales avec le musicien ambulant Tobias Pfeiffer.

1780. Études musicales avec Egidius van den Eeden et Franz Rovantini. Élève au Tirocinium de Bonn.

1781. Voyage à Rotterdam avec sa mère.

1782. Études musicales avec Christian Gottlieb Neefe. Début de l'amitié avec Franz-Gerhard Wegeler et les von Breuning.

1783. Publication de ses premières œuvres : les *Variations Dressler* et les 3 *Sonatines*.

1784. Nomination comme organiste en second à Bonn.

1785. Nommé répétiteur de théâtre à Bonn.

1787. Premier voyage à Vienne et rencontre avec Mozart.
17 juillet : mort de sa mère.

1789. S'inscrit à la faculté de lettres de l'université de Bonn.

1790. *Cantate sur la mort de Joseph II*, première œuvre importante.

1791. Voyage avec l'orchestre de l'Électeur.

1792. Rencontre Haydn à Bonn.
Novembre : départ définitif de Bonn et arrivée à Vienne.

1793. Leçons avec Joseph Haydn. Rencontre des membres de l'aristocratie viennoise : Lichnowsky, Lobkowitz, Razoumovski.

1794. Prend des leçons auprès d'Albrechtsberger.

1795. Premiers concerts publics, premiers succès. Publication des 3 *Trios* de l'op. 1.

1796. Tournée de concerts à Prague, Nuremberg, Berlin et Budapest.

1798. Fréquente Bernadotte à l'ambassade de France. *Sonate* dite *pathétique*.

1799. Amitié avec Amenda. Rencontre les Brunsvik.

1800. Exécution de la *Première Symphonie*. Séjourne à Martonvásár chez les Brunsvik. Achève les six *Quatuors* op. 10.

1801. Grave crise provoquée par les progrès de la surdité. Amoureux de Giulietta Guicciardi. *Sonate* dite *Clair de Lune*.

1802. Rupture avec Giulietta. Composition de la *Deuxième Symphonie*. Séjour à Heiligenstadt (mai-octobre). *Octobre* : testament de Heiligenstadt.

1803. Exécution de la *Deuxième Symphonie*. *Sonate* dite *À Kreutzer*.

1804. Achève la *Symphonie héroïque*, supprime la dédicace à Bonaparte. *Sonate Waldstein*.

1805. Amoureux de Joséphine Brunsvik. Envisage un mariage qui ne se fera pas. Première de *Fidelio* le 12 novembre.
20 novembre : première représentation de *Léonore*, échec. Les Français occupent Vienne.

1806. Le 29 mars, nouvelle version de *Léonore*, nouvel échec. *Quatrième Concerto pour piano, Quatrième Symphonie, Concerto pour violon, sonate* dite *Appassionata*. Achève les quatuors 7 à 9. Séjourne en Silésie (septembre et octobre) chez Lichnowsky, avec qui il se brouille.

1807. Sollicite un poste à la direction des théâtres de la Cour : échec. Ouverture de *Coriolan*. Séjour en Hongrie chez Esterházy, exécution de la *Messe en ut* et brouille avec Esterházy.

1808. Marie Erdödy, amitié amoureuse. Compose la *Cinquième Symphonie* et la *Sixième Symphonie* dite *Symphonie pastorale*.
22 décembre : exécution de la *Pastorale*.

1809. *Cinquième Concerto pour piano* dit « *L'Empereur* ». Contrat avec l'archiduc Rodolphe et les princes Lobkowitz et Kinsky. Bombardement de Vienne et occupation par les troupes françaises. Bataille d'Essling et Wagram. *Sonate Les Adieux, Dixième Quatuor*.

1810. *Egmont. Dixième Quatuor.* Rejet de la demande en mariage à Thérèse Malfatti. Rencontre Bettina Brentano (mai).

1811. *Trio pour piano À l'archiduc* (Rodolphe).

1812. *Septième Symphonie.* 6-7 juillet : *Lettre à l'Immortelle Bien-Aimée.*
19-23 juillet : rencontre et entretiens avec Goethe. Liaison avec Amalie Sebald.

1813. *La Bataille de Vittoria* ou *La Victoire de Wellington.* Travaille à nouveau sur *Fidelio.*

1814. Reprise de *Fidelio* : succès. Gravement malade. *Octobre* : Congrès de Vienne.

1815. Mort de son frère Karl. Début de la tutelle de son neveu Karl. *Sonates pour piano et violoncelle* dédiées à Marie Erdödy.

1816. Aggravation de son état de santé. *Lieder à la Bien-Aimée lointaine.*

1817. Malade des poumons. Crise morale.

1818. Convalescence. *Grande Sonate* op. 106 *(Hammerklavier).* Projet d'une messe solennelle.

1819. Surdité totale. Travaille à la *Missa solemnis* (Messe solennelle).

1820. Travaille à la *Missa solemnis. Sonate* op. 109.

1821. *Sonate* op. 110. Affections pulmonaire et hépatique.

1822. *Sonate* op. 111. Achève la *Missa solemnis.*

1823. Candidature rejetée au poste de maître de chapelle de la cour de Vienne. Affection oculaire. Travaille à la *Neuvième Symphonie. Variations sur une valse de Diabelli.*

1824. 7 *mai* : exécution de la *Neuvième Symphonie. Douzième Quatuor.*

1825. Maladie hépatique. Projet de voyage à Londres. *Treizième Quatuor, Quinzième Quatuor.*

1826. *Quatorzième Quatuor, Seizième Quatuor.* Projette d'écrire une *Dixième Symphonie.* Tentative de suicide de Karl.

1827. Aggravation de la maladie : pneumonie, affection du foie.
26 mars, 17 h 45 : Beethoven meurt, veillé par Johanna von Beethoven, Gerhard von Breuning et Anselm Hüttenbrenner.

RÉFÉRENCES BIBLIOGRAPHIQUES

LETTRES ET ÉCRITS DE BEETHOVEN

Carnets intimes, Buchet/Chastel, 1977.
Les Cahiers de conversation, Éditions Corrêa, 1946.
Lettres, Éditions Ilte, Turin, 1968.
Briefe, G. Henle Verlag, 6 vol., 1996.
Sélection de lettres, Calman-Lévy, 1901.
Carnets intimes, Buchet/Chastel, 1977.

ESSAIS ET TÉMOIGNAGES

Bettina VON ARNIM, *Correspondance avec Goethe*, Gallimard, 1942.
Élisabeth BRISSON, *Ludwig van Beethoven*, Fayard, 2004.
—, *Guide de la musique de Beethoven*, Fayard, 2005.
Edmond BUCHET, *Beethoven, légendes et vérités*, Buchet/Chastel, 1966.
Claude DEBUSSY, *Monsieur Croche*, Gallimard, coll. « L'Imaginaire », 1987.
Fanny GIANNATASIO DEL RIO, *Journal*, « Tablettes de la Schola », nov. 1912-juin 1913.
Jean et Brigitte MASSIN, *Ludwig van Beethoven*, Fayard, 1967.
Jacques-Gabriel PROD'HOMME, *Beethoven raconté par ceux qui l'ont vu, textes réunis et traduits*, Stock, 1927.

Ferdinand RIES et F.-G. WEGELER, *Notices biographiques sur Ludwig van Beethoven*, E. Dentu, 1862.

Charles ROSEN, *Le Style classique*, Gallimard, coll. « Tel », 2000.

Romain ROLLAND, *Vie de Beethoven*, Paris, Hachette, 1909.

—, *Beethoven, les grandes époques créatrices*, Éd. du Sablier, 1928.

Maynard SOLOMON, *Beethoven*, Fayard, 2003.

Anton SCHINDLER, *Histoire de la vie et de l'œuvre de Ludwig van Beethoven*, Garnier Frères, 1864.

Rémy STRICKER, *Le Dernier Beethoven*, Gallimard, 2001.

Marc VIGNAL, *Beethoven et Vienne*, Fayard, 2004.

EN ANGLAIS

Thayer's Life of Beethoven, révisé et édité par Elliot Forbes, II volumes, Princeton University Press, 1967.

Beethoven, Impressions of his Contemporaries, édité par O. G. Sonneck, Dover Publications, New York, 1967.

Beethoven, the Music and the Life, Lewis Lockwood, W. W. Norton Company, New York – Londres, 2003.

Memories of Beethoven, Gerhard von Breuning, Cambridge University Press, 1995.

The First Biography, Johann Aloys Schlosser, Amadeus Press, 1996.

EN ALLEMAND

Theorod W. ADORNO, *Beethoven*, Suhrkamp Verlag, 2004.

Carl DAHLHAUS, *Ludwig van Beethoven und seine Zeit*, Laaber Verlag, 1999.

Martin GECK, *Ludwig van Beethoven*, Rowohlt, 2001.

Dietma HUCHTING, *Beethoven, ein Biographischer Bilderbogen*, Edel Distribution Gmbh, 2007.

RÉFÉRENCES DISCOGRAPHIQUES

La discographie de Beethoven est évidemment monumentale et les indications qui suivent ne sont que des suggestions.

INTÉGRALES

L'Œuvre intégrale, Brilliant Classics, 2008.
Intégrale des symphonies, Orchestre philharmonique de Berlin, Herbert von Karajan, DG 1976.
Intégrale des concertos pour piano, Alfred Brendel, Orchestre philharmonique de Vienne, Simon Tattle, Philips, 1998.
Intégrale des sonates pour piano, Daniel Barenboïm, EMI, 1966.
Intégrales des quatuors à cordes, Quatuor Alban Berg, EMI, 1999.
Intégrale des sonates pour violon et piano, Itzhak Perlman, Vladimir Ashkenazy, Decca, 1973-1977.

AUTRES ENREGISTREMENTS

Symphonie n° 2, Royal Philharmonic Orchestra, René Leibovitz, Scribendum, 1961.
Symphonie n° 3 « Héroïque », Orchestre Philharmonique de Berlin, Herbert von Karajan, DG, 1976.

Symphonie n° 5, Orchestre philharmonique de Vienne, Carlos Kleiber, DG, 1974.

Symphonie n° 6 « Pastorale », Orchestre du Concertgebouw d'Amsterdam, Erich Kleiber, Decca, 1953.

Symphonie n° 7, Orchestre philharmonique de Vienne, Carlos Kleiber, DG, 1976.

Symphonie n° 9, Festival de Bayreuth 1951, Wilhelm Furtwängler, EMI, 1951.

Missa solemnis, Orchestre philharmonique de Berlin, Herbert von Karajan, DG, 1982.

Fidelio, Otto Klemperer, EMI, 1962.

Concerto pour violon, Itzhak Perlman, Orchestre philharmonique de Berlin, Daniel Barenboïm, EMI, 1986.

Concerto pour piano n° 5 « L'Empereur », Edwin Fischer, Philharmonia Orchestra, Wilhelm Furtwängler, EMI.

Triple concerto pour piano, violon et violoncelle, David Oïstrakh, Mstislav Rostropovitch, Sviatoslav Richter, Herbert von Karajan, EMI, 1969.

Sonate pour piano n° 2 op. 27 « Clair de lune », Stephen Kovacevitch, EMI, 1999.

Sonates pour piano n°s 30, 31, 32, Maurizio Pollini, DG, 1977.

Variations Diabelli, Piotr Anderszewski, Virgin 2000.

Sonate pour violon et piano en la majeur op. 47 « Kreutzer », Gidon Kremer, Martha Argerich, DG, 1994.

NOTES

UNE TÉNÉBREUSE ENFANCE

1. Baron Caspar Riesbeck : *Travels through Germany in a Series of Letters*, Londres, 1787.

2. Franz-Gerhard Wegeler et Ferdinand Ries, *Notices biographiques sur L. van Beethoven*, E. Dentu, 1862.

3. Ludwig van Beethoven, *Lettres*, éditions Ilte, Turin, 1968.

4. Texte anonyme, cité par Brigitte et Jean Massin, *Beethoven*, Fayard, 1966.

5. Cité par Brigitte et Jean Massin, *Beethoven, op. cit.*

6. Témoignage du boulanger Fischer, cité dans *Thayer's Life of Beethoven*, révisé et édité par Elliot Forbes, II volumes, Princeton University Press, 1964.

7. Franz-Gerhard Wegeler et Ferdinand Ries, *Notices biographiques sur L. van Beethoven, op. cit.*

8. Christian-Gottlieb Neefe, in *Le Magazine de musique de Cramer*, 2 mars 1783, cité dans Thayer-Forbes, *op. cit.*

9. Ludwig van Beethoven, *Lettres, op. cit.*

10. Wolfgang Amadeus Mozart, *Correspondance*, Flammarion, 1986-1994.

UN JEUNE HOMME EN COUR

1. Otto Jahn, *Biographie de Mozart*, Leipzig, 1867, cité dans *Thayer's Life of Beethoven, op. cit.*

2. Ludwig van Beethoven, *Lettres, op. cit.*

3. Emmanuel Kant, *Fondements de la métaphysique des mœurs* (1792), Vrin, 2002.

4. Emmanuel Kant, *Critique de la raison pure* (1787), Gallimard, coll. « Folio essais », 1990.

5. *Thayer's Life of Beethoven, op. cit.*

6. Franz-Gerhard Wegeler et Ferdinand Ries, *Notices biographiques..., op. cit.*

7. *Ibid.*

8. Ludwig van Beethoven, *Lettres, op. cit.*

9. *Ibid.*

10. *Ibid.*

PAPA HAYDN

1. Franz-Gerhard Wegeler et Ferdinand Ries, *Notices biographiques..., op. cit.*

2. *Ibid.*

3. Wolfgang Amadeus Mozart, *Correspondance, op. cit.*

4. Cité par Brigitte et Jean Massin, *Beethoven, op. cit.*

5. *Ibid.*

6. Témoignage du flûtiste Drouet, cité par B. et J. Massin, *Beethoven, op. cit.* (dialogue reconstitué par l'auteur).

7. Anton Schindler, *Histoire de la vie et de l'œuvre de Ludwig van Beethoven*, Garnier Frères, Paris, 1865.

8. *Ibid.*

9. Ludwig van Beethoven, *Lettres, op. cit.*

10. Ludwig van Beethoven, lettre à l'éditeur Schott, 22 janvier 1825, *in* Jean Chantavoine, *Correspondance de Beethoven*, Calmann-Lévy, Paris, 1903.

11. Ludwig van Beethoven, *Lettres, op. cit.*

12. Cité par Brigitte et Jean Massin, *Beethoven, op. cit.*

13. Franz-Gerhard Wegeler et Ferdinand Ries, *Notices biographiques..., op. cit.*

14. Anecdote rapportée par Seyfrid, citée par Brigitte et Jean Massin, *Beethoven, op. cit.*

AMOURS, AMITIÉS...

1. Cité par Maynard Solomon, *Beethoven*, Fayard, 2003.
2. Franz-Gerhard Wegeler et Ferdinand Ries, *Notices biographiques...*, *op. cit.*
3. *Thayer's Life of Beethoven*, *op. cit.*
4. Ludwig van Beethoven, *Lettres*, *op. cit.*
5. Otto Jahn, *Biographie de Mozart*, *op. cit.*
6. Cité par Edmond Buchet, *Beethoven, légendes et vérités*, Buchet/Chastel, 1966.
7. Brigitte et Jean Massin, *Beethoven*, *op. cit.*
8. Wilhelm Joseph von Wasielewski, *Beethoven*, traduction de H. de Curzon, Berlin, 1894.
9. Franz-Gerhard Wegeler et Ferdinand Ries, *Notices biographiques...*, *op. cit.*
10. Ludwig van Beethoven, *Lettres*, *op. cit.*
11. Franz-Gerhard Wegeler et Ferdinand Ries, *Notices biographiques...*, *op. cit.*
12. *Ibid.*

LES ANNÉES DE CRISE

1. Gerhard von Breuning, *Memories of Beethoven*, Cambridge University Press, 1995.
2. Ludwig van Beethoven, *Carnets intimes*, Buchet/Chastel, 1977.
3. Ludwig van Beethoven, *Lettres*, *op. cit.*
4. *Ibid.*
5. Vincent d'Indy, *Beethoven*, Henri Laurens éditeur, 1928.
6. Ludwig van Beethoven, *Lettres*, *op. cit.*
7. *Ibid.*
8. *Ibid.*
9. Souvenirs conservés dans la famille d'Amenda, cité par B. et J. Massin, *op. cit.*

10. Émil Ludwig, *Beethoven, Vie d'un conquérant*, Flammarion, 1947.

11. Ludwig van Beethoven, *Lettres, op. cit.*

12. Témoignage recueilli par Thayer en 1860, cité par B. et J. Massin, *Beethoven, op. cit.*

13. Ludwig van Beethoven, *Lettres, op. cit.*

UNE NOUVELLE FAMILLE

1. Cité par Edmond Buchet, *Beethoven, légendes et vérités, op. cit.*

2. *Ibid.*

3. *Ibid.*

4. Ludwig van Beethoven, *Lettres, op. cit.*

5. Cité par Élisabeth Brisson, *Guide de la musique de Beethoven*, Fayard, 2005.

6. Franz-Gerhard Wegeler et Ferdinand Ries, *Notices biographiques..., op. cit.*

7. *Ibid.*

8. Lettre de Beethoven à Wegeler, 1801, in *Lettres, op. cit.*

9. Élisabeth Brisson, *Guide de la musique de Beethoven, op. cit.*

10. Cité par Élisabeth Brisson, in *ibid.*

11. Cité par Élisabeth Brisson, in *ibid.*

HEILIGENSTADT

1. Ludwig van Beethoven, *Lettres, op. cit.*

2. *Ibid.*

3. *Ibid.*

4. Cité par Anton Schindler, *Histoire de la vie et de l'œuvre de Ludwig van Beethoven, op. cit.*

5. Otto Jahn, *Biographie de Mozart, op. cit.*

6. J.-G. Prod'homme, *Les Symphonies de Beethoven (1800-1827)*, Delagrave, Paris, 1939.

7. *Les Tablettes de Polymnie*, 10 mars 1811, cité par B. et J. Massin, *op. cit.*

8. Franz-Gerhard Wegeler et Ferdinand Ries, *Notices biographiques...*, *op. cit.*

9. Ludwig van Beethoven, *Les Cahiers de conversation (1819-1827)*, Éditions Corrêa, 1946.

10. *Ibid.*

11. *Ibid.*

12. Cité par Brigitte et Jean Massin, *Beethoven*, *op. cit.*

13. Ludwig van Beethoven, *Lettres*, *op. cit.*

14. Ludwig van Beethoven, Lettre à Hofmeister, éditeur, 8 avril 1802, cité par Brigitte et Jean Massin, *op. cit.*

15. Cité par Anton Schindler, *Histoire de la vie et de l'œuvre de Ludwig van Beethoven*, *op. cit.*

LE TEMPS DE L'« HÉROÏQUE »

1. Georg Wilhelm Friedrich Hegel, cité par Karl Löwitz, *De Hegel à Nietzsche*, Paris, Gallimard, 1980.

2. Cité par Anton Schindler, *Histoire de la vie et de l'œuvre de Ludwig van Beethoven*, *op. cit.*

3. *Ibid.*

4. Ludwig van Beethoven, *Lettres*, *op. cit.*

5. Franz-Gerhard Wegeler et Ferdinand Ries, *Notices biographiques...*, *op. cit.*

6. Maynard Solomon, *Beethoven*, *op. cit.*

LE FEUILLETON *FIDELIO*

1. Ludwig van Beethoven, *Lettres*, *op. cit.*

2. Maynard Solomon, *Beethoven*, *op. cit.*

3. Ludwig van Beethoven, *Lettres*, *op. cit.*

4. *Ibid.*

5. Franz-Gerhard Wegeler et Ferdinand Ries, *Notices biographiques...*, *op. cit.*

6. *Ibid.*

7. *Ibid.*

8. *Ibid.*

9. *Ibid.*

10. Ludwig van Beethoven, *Lettres, op. cit.*

RUPTURES

1. Maynard Solomon, *Beethoven, op. cit.*

2. Cité par Brigitte et Jean Massin, *Ludwig van Beethoven, op. cit.*

3. Ludwig van Beethoven, cité par B. et J. Massin, *ibid.*

4. Cité par Élisabeth Brisson, *Guide la musique de Beethoven, op. cit.*

5. Franz-Gerhard Wegeler et Ferdinand Ries, *Notices biographiques..., op. cit.*

6. Élisabeth Brisson, *Guide la musique de Beethoven, op. cit.*

7. Franz-Gerhard Wegeler et Ferdinand Ries, *Notices biographiques..., op. cit.*

8. Ludwig van Beethoven, *Lettres, op. cit.*

9. *Ibid.*

10. *Ibid.*

11. Ludwig van Beethoven, *Lettres,* cité par Maynard Solomon, *Beethoven, op. cit.*

12. Dictionnaire des citations en ligne, EVENE.

13. Ludwig van Beethoven, *Les Cahiers de conversation (1819-1827), op. cit.*

14. Dans l'*Allgemeine Musikalische Zeitung*, 1813.

15. Ludwig van Beethoven, *Lettres, op. cit.*

16. Cité par Jean et Brigitte Massin, *Ludwig van Beethoven, op. cit.*

UNE APOTHÉOSE

1. Ludwig van Beethoven, *Lettres, op. cit.*

2. Franz-Gerhard Wegeler et Ferdinand Ries, *Notices biographiques..., op. cit.*

3. E. T. A. Hoffmann, *Écrits sur la musique*, L'Âge d'homme, 1990.

4. *Ibid.*

5. Franz-Gerhard Wegeler et Ferdinand Ries, *Notices biographiques...*, *op. cit.*

6. *Ibid.*

7. *Ibid.*

8. Claude Debussy, *Monsieur Croche*, Gallimard, 1927.

JOURS DE GUERRE

1. Ludwig van Beethoven, *Lettres*, *op. cit.*

2. *Ibid.*

3. Cité par Anton Schindler, *Histoire de la vie et de l'œuvre de Ludwig van Beethoven*, *op. cit.*

4. Ludwig van Beethoven, *Lettres*, *op. cit.*

BETTINA ET GOETHE

1. Bettina von Arnim, *Correspondance de Bettina et de Goethe*, Gallimard, collection « Les classiques allemands », 1942.

2. *Ibid.*

3. Ludwig van Beethoven, *Lettres*, *op. cit.*

4. *Ibid.*

5. *Ibid.*

6. *Ibid.*

7. *Briefwechsel zwischen Goethe und Zelter*, 1799-1852, Verlag Hans Carl, Nuremberg, 1949.

8. *Ibid.*

9. Bettina von Arnim, *Correspondance de Bettina et de Goethe*, *op. cit.*

10. *Ibid.*

11. Ludwig van Beethoven, *Lettres*, *op. cit.*

12. *Ibid.*

13. Cité par Brigitte et Jean Massin, *Ludwig van Beethoven*, *op. cit.*

L'IMMORTELLE BIEN-AIMÉE

1. Karl-August Varnhagen von Ense, *Œuvres choisies*, Leipzig, 1887. Cité par Brigitte et Jean Massin, *Ludwig van Beethoven, op. cit.*

2. Ludwig van Beethoven, *Lettres, op. cit.*

3. *Ibid.*

4. *Ibid.*

5. *Ibid.*

6. Cité par Brigitte et Jean Massin, *Beethoven, op. cit.*

7. Anton Schindler, *Histoire de la vie et de l'œuvre de Ludwig van Beethoven, op. cit.*

8. Cité par Brigitte et Jean Massin, *Ludwig van Beethoven, op. cit.*

9. Rapporté par Anton Schindler, *Histoire de la vie..., op. cit.*

DÉPRESSION

1. Ludwig van Beethoven, *Les Cahiers de conversation (1819-1827), op. cit.*

2. *Ibid.*

3. Ludwig van Beethoven, *Lettres, op. cit.*

4. Ludwig van Beethoven, *Les Cahiers de conversation (1819-1827), op. cit.*

5. *Ibid.*

6. Anton Schindler, *Histoire de la vie..., op. cit.*

KARL

1. Ludwig van Beethoven, *Lettres, op. cit.*

2. Ludwig van Beethoven, *Les Cahiers de conversation (1819-1827), op. cit.*

3. Ludwig van Beethoven, Lettre à Giannattasio, 1er février 1816, citée par Maynard Solomon, *Beethoven*, *op. cit.*

4. Ludwig van Beethoven, *Lettres*, *op. cit.*

5. Fanny Giannattasio del Rio, *Journal*, in *Tablettes de la Schola*, novembre 1912-juin 1913.

6. *Ibid.*

7. Ludwig van Beethoven, *Carnets intimes*, Buchet/Chastel, 1977.

8. *Ibid.*

9. Ludwig van Beethoven, *Lettres*, *op. cit.*

10. Fanny Giannattasio del Rio, *Journal...*, *op. cit.*

11. *Ibid.*

12. Ludwig van Beethoven, *Lettres*, *op. cit.*

13. Ludwig van Beethoven, *Lettres*, *op. cit.*

14. Jean-Paul Sartre, *Les Mots*, Gallimard, coll. « Blanche », 1964.

15. Ludwig van Beethoven, *Lettres*, *op. cit.*

16. Ludwig van Beethoven, *Lettres*, *op. cit.*

17. *Ibid.*

18. *Ibid.*

19. *Ibid.*

20. *Ibid.*

21. *Ibid.*

22. Cité par Maynard Solomon, *Beethoven*, *op. cit.*

UNE MESSE POUR L'HUMANITÉ

1. Ludwig van Beethoven, *Carnets intimes*, *op. cit.*

2. Charles Baudelaire, *Les Fleurs du mal*, Gallimard, coll. « Poésie Gallimard », 2005.

3. Anton Schindler, *Histoire de la vie et de l'œuvre...*, *op. cit.*

4. Charles Rosen, *Le style classique*, Gallimard, coll. « Tel », 2000.

5. Ludwig van Beethoven, *Lettres*, *op. cit.*

6. *Ibid.*

7. Ludwig van Beethoven, *Carnets intimes*, *op. cit.*

8. Romain Rolland, « *Credo quia verum* », in *Le Cloître de la rue d'Ulm* (1886-1889), *Cahiers Romain Rolland n° 4*, Albin Michel, 1952.

9. Élisabeth Brisson, *Guide de la musique de Beethoven*, *op. cit.*

10. Maynard Solomon, *Beethoven*, *op. cit.*

11. Ludwig van Beethoven, *Lettres, op. cit.*

12. Rémy Stricker, *Le dernier Beethoven*, Gallimard, 2001.

13. Maynard Solomon, *Beethoven, op. cit.*

14. Alfred Cortot, *Cours d'interprétation*, Slatkine, 1980.

15. Romain Rolland, « *Credo quia verum* », *op. cit.*

16. Frédéric Rochlitz, lettre à Härtel du 9 juillet 1822, publiée dans ses *Mémoires*, citée par Brigitte et Jean Massin, *Ludwig van Beethoven, op. cit.*

LA NEUVIÈME SYMPHONIE

17. Anton Schindler, *Histoire de la vie…*, *op. cit.*

18. Cité dans *Thayer's Life of Beethoven, op. cit.*

19. Ludwig van Beethoven, *Carnets intimes, op. cit.*

20. Ludwig van Beethoven, *Lettres, op. cit.*

21. *Correspondance de Liszt et de sa fille madame Émile Ollivier*, Grasset, 1936.

22. Ludwig van Beethoven, *Lettres, op. cit.*

23. *Ibid.*

24. *Ibid.*

25. *Ibid.*

26. Esteban Buch, *La Neuvième Symphonie de Beethoven, une histoire politique*, Gallimard, 1999.

27. Claude Debussy, *Monsieur Croche, op. cit.*

28. Adresse remise à Beethoven en février 1824, citée dans J. et B. Massin, *Ludwig van Beethoven, op. cit.*

CHANTS DU CYGNE

1. Cité par Brigitte et Jean Massin, *Ludwig van Beethoven, op. cit.*

2. Ludwig van Beethoven, *Lettres, op. cit.*

3. *Ibid.*

4. *Ibid.*

5. *Ibid.*

6. Ernest Ansermet, *Les Fondements de la musique dans la conscience humaine — et autres récits*, Laffont, 1989.

7. Franz-Gerhard Wegeler et Ferdinand Ries, *Notices biographiques sur L. van Beethoven, op. cit.*

8. Ludwig van Beethoven, *Lettres, op. cit.*

9. Cité par Edmond Buchet, *Beethoven, légendes et vérités, op. cit.*

10. *Gazette musicale de Leipzig*, mars 1826.

11. Ludwig van Beethoven, *Lettres, op. cit.*

TUER LE PÈRE

1. Élisabeth Brisson, *Guide de la musique de Beethoven, op. cit.*

2. Milan Kundera, *L'Insoutenable Légèreté de l'être*, Gallimard, coll. « Blanche », 1984 ; nouvelle édition revue par l'auteur en 2007.

3. Cité par Brigitte et Jean Massin, *Ludwig van Beethoven, op. cit.*

4. *Cahiers de conversation* de Beethoven, cités par Brigitte et Jean Massin, *Ludwig van Beethoven, op. cit.*

5. Ludwig van Beethoven, *Lettres, op. cit.*

6. *Ibid.*

DERNIER COMBAT

1. Maynard Solomon, *Beethoven, op. cit.*

2. Gerhard von Breuning, *Memories of Beethoven, op. cit.*

3. Maynard Solomon, *Beethoven, op. cit.*

4. Ludwig van Beethoven, Lettre à Bach du 3 janvier 1827, citée par Brigitte et Jean Massin, *Ludwig van Beethoven, op. cit.*

5. Ludwig van Beethoven, Lettre à Zmeskall du 18 février 1827, citée par Brigitte et Jean Massin, *op. cit.*

6. Gerhard von Breuning, *Memories of Beethoven, op. cit.*

7. *Idem.*

8. Maynard Solomon, *Beethoven, op. cit.*

9. Gerhard von Breuning, *Memories of Beethoven, op. cit.*

10. Maynard Solomon, *Beethoven, op. cit.*

ANNEXES

Retrouvez tous les titres de la collection
sur www.folio-lesite.fr

*Tous les papiers utilisés pour les ouvrages
des collections Folio sont certifiés
et proviennent de forêts gérées durablement.*

*Composition Nord Compo
Impression Maury Imprimeur
45330 Malesherbes
le 10 janvier 2024
Dépôt légal : janvier 2024
1ᵉʳ dépôt légal dans la collection : janvier 2010
N° d'impression : 275446*

ISBN 978-2-07-033821-4 / Imprimé en France

629851